大展好書 好書大展

秘傳占卜系列 10

ESP超能力占卜

淺野八郎／著
李玉瓊　／譯

大展出版社有限公司

『秘傳・占卜系列』發行感言

有人說占卜師是人生的領航員。

在人的一生之中，有時再怎麼樣地努力，也有無法隨心所欲的時候，再如何地希望得到幸福，也可能會遭遇意外的不幸。在現代的社會中，占卜之所以如此地吸引人心，受到衆人的關心，原因即在於此。

可能因為遇到一位出乎意料之外的人，而使自己的一生完全改變，可能偶然中得到幸運，也可能遭遇不幸。能夠回答這種想要預知偶然的人之願望的，即是占卜。

不論是東洋或西洋，兩千年來，占卜一直受到衆人的關心。而預知各種運的「術」，也不斷地在研究中。這兒所介紹的各種占卜，是這些「術」中最值得信賴，也是最讓人感到親切的占卜。

如果本系列能夠發揮領航員的作用，而讀者們能將其當成是創造幸福的指南，則是作者最高的喜悅。

淺野八郎

★代序

「另一種能力」使你的明天更燦爛

人本來天生具有兩種能力。其一是做合理判斷、理性處理事物的能力。其二是與生俱來的動物本能，亦即自我防衛的能力。譬如，候鳥在季節交替時會移動到適合自己生存的地方、海龜在產卵期會遠從南太平洋千里迢迢游達日本四國的海邊，就是這種本能上的能力或預知自然變化的能力使然。

也是動物一員的人類當然也曾經擁有這兩種能力。但是，隨著科學的進步，技術、知識開拓的能力急速地發達而遠超過天生具有的本能性能力。

至今人類原本具有的另一個能力似乎已完全退化。人們只注意以科學的角度、合理的方式來探討自然所發生的事，而遺忘了人天生具有的另一種能力。

這另一種能力稱爲「念力」或「預知能力」。它是屬於超自然界的能力。現代人稱此為「超能力」其實它原本是人具有的一般能力。

尚未受到現代文明或科學化的合理主義侵害的兒童等生性質樸、純潔的人，其「超能力」強過一般人。

因車禍腦部受傷或墜落受到重擊，卻奇蹟地生還的人中會出現超能力的徵兆，這也許是現代人處於一般的狀態下無法展露的超能力，會因異常的經驗而復甦的緣故。

在我們日常生活中會有所謂的「預知」現象，它可能是因某個刺激使沉睡在我們體內的某種能力產生作用並藉此掌握重大的情報。

人所擁有的能力中有許多令人匪夷所思者。這些能力異於自然所呈現的普通能力，並無法以道理來解釋。如彎曲湯匙、預感、預知能力、靈感、渡火等，有些人會表現科學也無法證明的能力。這些無法用道理說明而證實的神奇能力總稱為ＥＳＰ。

若能善加應用這類能力，對於從事創造性的工作極為有益。同時，也是預知未來、事前避免危險的重要手段。

從這一點而言，本書所介紹的利用超感覺的占卜，對讀者各位應該有所幫助。

目錄

序——你也潛藏有ESP的能力

一、明天會發生什麼事？

二、向月神請教愛情的動向

三、幸運之神何時降臨？

四、利用幸運輪占卜預知未來

ＥＳＰ小知識

Prolgue— 序

你也潛藏有 ESP的能力

ESP才是人類最後的拯救

ESP＝超感知覺（Extra Sensory Perception）一詞常令人把和日常生活脫節的通靈者或預言家等，屬於另一個世界的神奇人物聯想一起。但事實上在我們的生活中有許多實際運用ESP方式的訓練法或觀測法、事物觀察法等。而且，對於做事屢遭挫折、生活陷入困頓而跌入絕望深淵的人而言，ESP的思考方式甚至是他們生活的拯救。

不僅是手能彎曲湯匙或讓靜止的時鐘啓動，在ESP中可以發現許多原本以爲不可能的問題的解決法。也許ESP才是人類最後的拯救。

首先，爲各位介紹解決日常問題的實踐性ESP。

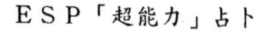

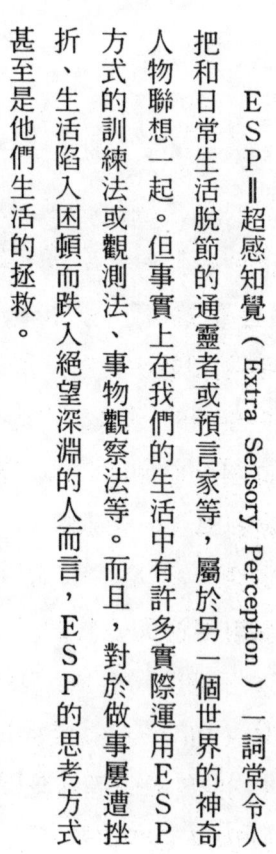

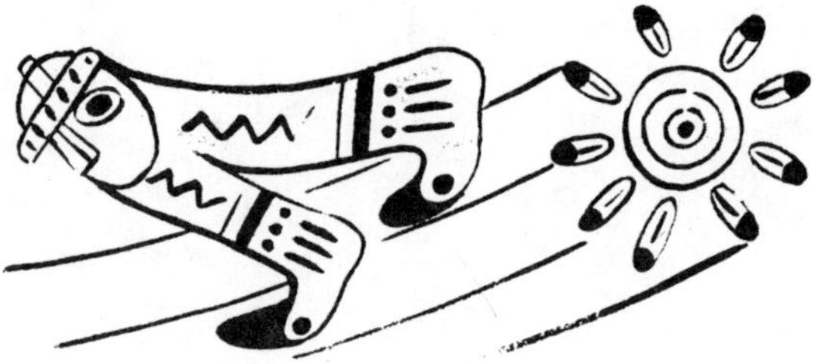

消除不安、煩惱的方法

無法妥善處理人際關係、意中人對自己視若無睹或遭受上司、同事的輕視而感到浮躁不安時，如何才能排解內心的不安與鬱悶？精神的涵養或閱讀哲學書籍，並無法因而消除這類煩惱。

生活的步調是連續的，我們也認爲昨天的延續是今天，今天的未來是明天，因而昨天的煩惱會延續到今天或明天，而無法忘卻。

但是，如果做自我暗示來改變生活的步調即可緩和煩惱帶來的壓力。古人是以埋頭投入日常少有的作爲當做變更生活步調的方法。其中以寫經最爲普遍。

曾經活躍日本財經界，甚至有「強盜慶太」惡名昭彰的東急集團創立者五島慶太先生，是專門併吞其他公司、企業而聲名大

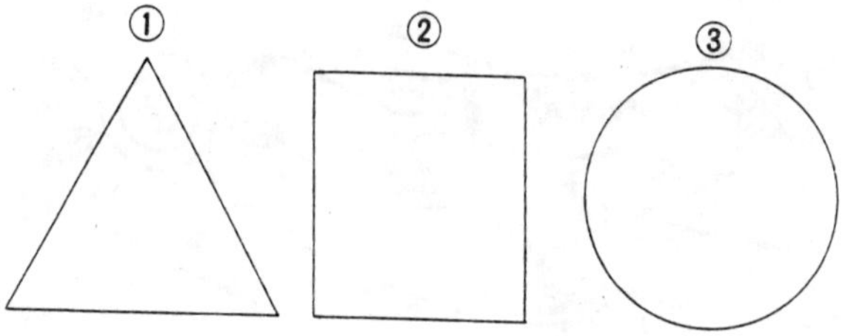

躁。這樣一個大人物據說也有寫經的習慣。當工作上面臨重大的轉機或感到煩惱時，會以抄寫經文移轉情緒。

抄寫經文可以說是有異於日常一般行動的ESP思考模式之一。而以謄寫做爲護身符的圖形，或注視圖形平撫情緒的方式也和抄經類似。

那麼，請注意看上面的圖形。比較①三角形、②四角形、③圓形時，必會發現我們在觀看時的心情有極大的出入。

三角形給人攻擊性、強烈的男性化印象；正方形帶有封閉的印象，亦即給人安定的印象；而圓形則給人溫和、母愛的溫柔印象。換言之，感到不安、煩躁時注視圓形的物體會帶來安適感，使人湧現帶來心理上安全感的能力。秘教及其他宗教的象徵多半使用圓形物也許是這個緣故。

凝視圓形的圖形或描繪圓圖形也是ESP的心理轉換法之一。古人自己描繪圓形的護符也是爲了心理的轉換。

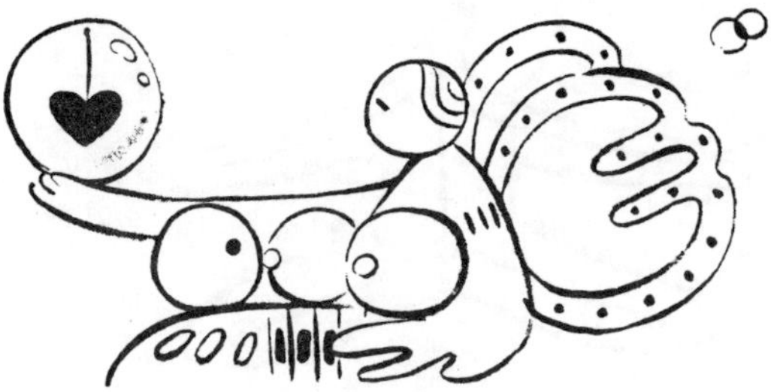

以精神分析聞名的佛洛伊德學派，認爲三角形是工作或金錢的印象，正方形代表住家、建築物、家庭生活的印象。而圓形則潛在性地給人愛情的印象。在古代的神秘哲學或超自然界，通常是以描繪各種護符或雕刻在金屬板上，做爲改變運勢的自我暗示。

埃及占卜術中常見的水晶球，本來也是做爲自我改造的道具，凝視球型的玻璃珠可以發揮訓練從日常性思考脫離的效果。據說凝視水晶球會喚回平常所缺乏的特殊能力，而吉普賽人就在這樣的狀態下預言未來。這原本是吉普賽占卜的根本方法。

十年修行只爲培養第六感

有不少人可以憑直覺洞穿初次見者的性格或人品。而在相親或與人首次會晤的場合，可能因第一印象而受對方吸引或莫名地

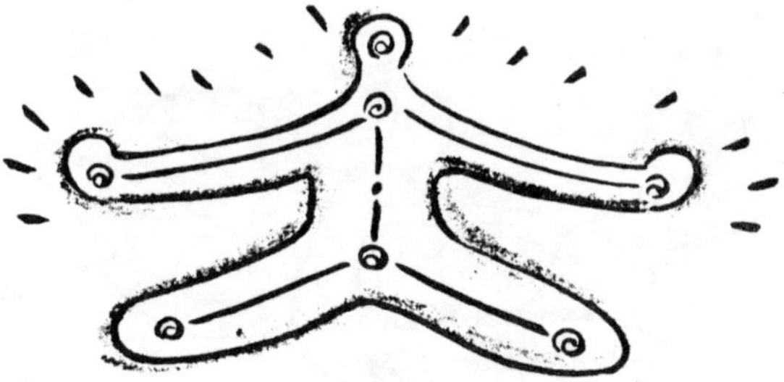

留下不快的印象。這類感情無法用科學的方法給予分析，但我們卻在平常生活中屢次經驗。

第一印象所產生的感情無異是人所具有的ＥＳＰ的感覺。韓國預言家、韓國易道協會會長金鶴先生，能憑靈感而解析對方的人相，據說只要看對方的臉孔即可憑第六感發現該人身染何病、有何煩惱等等。

金鶴先生為了培養第六感花了十年的光陰不斷地訓練與修行。有時隱居山內修行、瞑想。

金鶴先生所做的瞑想法如下。

短暫凝視微亮的電燈後閉上眼。眼皮內會殘存光的殘象。剛開始閉上眼時是一片黑暗，不久後，會慢慢地浮現輕微的光亮。據說，這個球型的光會刺激靈的能力。口中唸著發亮的球再努力讓它徐緩地移轉到身體各部份。專注地憑念力讓光球移動到手、移動到胸或移動到腳。

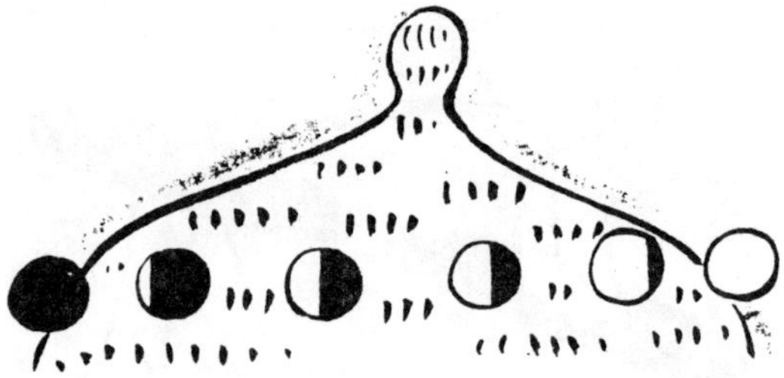

做上述念力訓練後，慢慢地會感覺光球在身體的各部份自由移動。當然，達到這樣的感覺必須有相當的訓練，據說，經過某段時期後任何人都會產生這樣的感覺。

而藉此所掌握的光球感覺，在與初次見面者會晤時嘗試讓它復甦起來。如果所會晤者胸部有疾，金鶴先生會從對方的胸部感覺到這個光球，心理有煩惱的人則在其額頭附近感覺到一道光，據說這道光告訴了對方所隱藏的秘密。

偶然的行動未必都是不幸

在日常生活中必須有所抉擇時任何人都會感到煩惱。譬如，參加就職考試，結果A、B公司都錄取，而兩者都是一流的企業且具將來性，在魚與熊掌不能兼得下自然會感到煩惱。但最後仍需以自己的意思從二擇一。

日常生活的抉擇中常有原本選擇A較有益，卻因選擇B而造成後悔。二次大戰後的日本最熱門的業種是石炭相關企業。當時的優秀青年在造船公司與石炭關係企業之間，通常會選擇石炭相關的公司就職。

但是，戰後經過十年，石炭關係業變成夕陽產業，造船業卻發展為世界一流的成長企業。二次戰後不久憑自己的意願選擇石炭關係企業的人，必感到懊悔何以自己沒有選擇造船業。

若發現在學期間成績遠遜於自己的同學，就職後活躍舞台的模樣，更無法忍受心中的悔恨。

人的煩惱通常是因自己的抉擇結果所造成。認定自己的選擇絕對無誤，結果事與願違時所受的打擊必大。法國的詩人巴雷利伊在其散文中提起：對事物不深入探討而以偶然採取行動的人，是否結果都是不幸呢？

其實，這種人和深謀遠慮之後再採取行動者，所獲得的結果

並沒有太大的出入。

ＥＳＰ的決斷也可說是不憑藉意志取決的決斷，它是假藉超越自然意識的偶然結果做爲線索而下決斷的方法。

人對自我行動的選擇或決斷通常有兩種模式。其一是統計性地處理過去的資料，從各種角度分析，再從中選擇自認爲最合理的方式，其二是不拘泥過去而憑自己的直覺、靈感做選擇的二分法。

我們以轉盤下賭注爲例來思考這個問題。轉盤上的數字假設有5、1、5、6、5、3、5。從統計上而言5最多而決定下5的賭注是屬於第一類的「電腦式決斷」。如果根據自己的年齡爲賭注，如現年23歲因2＋3＝5而選擇5爲賭注時，是屬於第二類的「占卜式的決斷」。

這兩種預測法在日常生活中都佔有相當重要的功能。因爲，人的心理強烈地期待著百分之一或萬分之一機率。

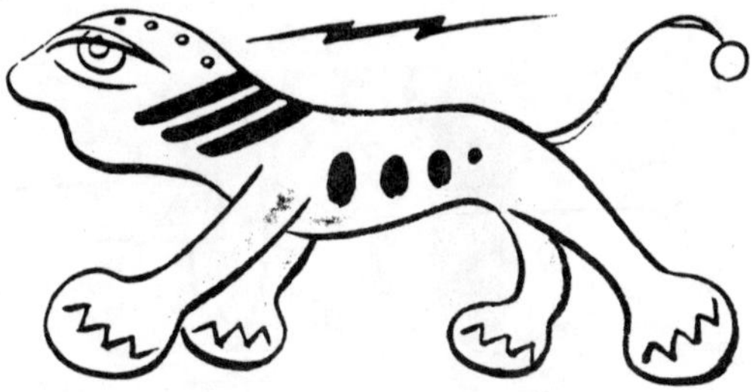

科學的電腦預測在可以高達七十%以上的精準率而言，是相當優秀。也許可以藉此預測今後十年內會發生地震或某都市火災的發生率。

但是，明天所發生的地震，或一般住家可能造成的火災，是無法預測的。換言之，雖然可以做準確率高達七十%以上的預測，卻無法預測機率僅佔萬分之一的偶然。

不論是商場界或日常生活中，我們所必要的無非是脫離憑藉機率或科學統計的線索做思考，相對地採納憑藉人原有的直覺或心理的思考方式吧。電腦方式的思考模式並無法想出一百家公司中，唯獨其中一家才能研擬出的構想。

以偶然的直覺或靈感做爲線索而採取行動或決斷，似乎荒唐無稽，但有時卻是極爲人性化且能掌握人心的構想。

預知能力可做某種程度的訓練

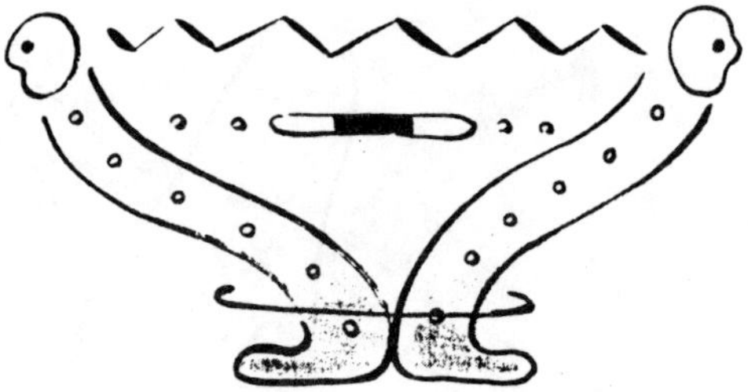

未來的情況如何？難道我們一般人並沒有預知未來的能力？

著名的迪克森夫人或艾德卡、凱西等通靈人士具備遠超過一般人的特殊才能。而事實上，一般人即使接受再多的訓練也無法接近這類超能力者的心理狀態。但卻有學者主張：「任何人都可培養某種程度的預言能力」。其代表性人物之一是美國的ＥＳＰ研究協會會長，也是這個分野研究中著名的主腦人物——哈羅魯特・Ｒ・夏曼先生。

他做了這樣的說明：

「任何人天生都具有預知能力。它是所謂的『預感』『不自覺的感覺』。我們在日常生活中經常地體驗。只不過日常生活過於機械化、合理化而使原本天生具有的『預知能力』幾近退化。」

因此，如果利用適當的訓練付予這樣的能力並使其發展，任何人都有可能成爲預言家。

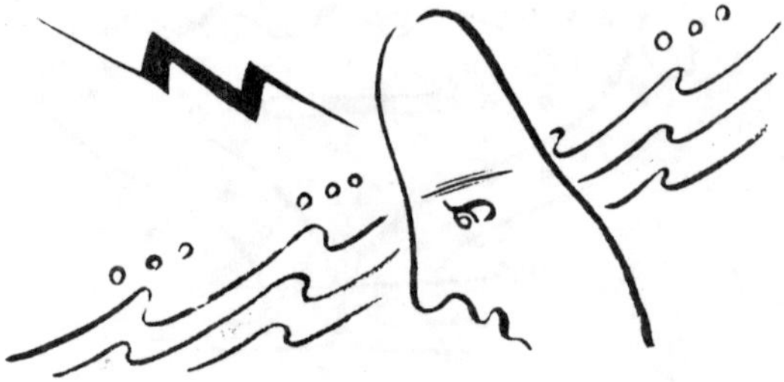

事實上，預知能力幾乎蕩然無存的我們，有時突然會想起十幾年未見的朋友，結果就在這個時候接獲該人的電話或立即碰到睽違數年的老朋友。

美國的迪克大學及多數的學者們以各種實驗或調查展開ＥＳＰ的研究。原本對這類超心理能力或靈的現象不感興趣的俄羅斯學者們，據說也漸漸產生了興趣。

希望讀者們也能藉由本書掌握啓發潛在能力的機會。

Chapter — 1

明　天
會發生什麼事？

蠟燭的眼淚占卜

●明天會發生什麼事

〈準備物品〉

煙灰缸或淺底的盤子、蠟燭。

〈占卜方法〉

這個占卜又稱爲「尼克諾曼席」，傳播在歐洲及世界其他各地。

首先，在煙灰缸內裝滿水。蠟燭點上火放置一會兒。

當蠟燭的燈心附近積滿了溶解的蠟後，傾倒蠟燭將溶解的蠟（蠟淚）滴在水上。

凝結在水面上的蠟呈什麼形狀？

憑你的直覺與聯想自由地作答。

診斷

圓——能夠掌握成功的人。你所思考的事、祈願的事應可實現。

三角形——有令人意外的事發生。也許是好事或令人感到爲難的事……。

十字形——糾紛的暗示。請務必充份地注意自己的行動。

四角形——恐怕捲入吵架或爭執的糾紛中。務必堅持「君子不近危」的精神。

雲——出現成功的新希望。原本已無希望的事，有捲土重來的機會。

張開書本的形狀——頭腦清晰的時候。考試會有出乎意外的高分。

鳥——糾紛得以解決。以坦率的心面對任何事物必能順利無阻。

犬——結交新朋友。敞開心和任何人交談吧。

蘋果——以往的努力將有成果出現。你的辛苦得以回報。

心型——戀愛成功。只差一把勁就可兩情相悅。

蛇——出現競敵。不論感情或學業、工作都不可掉以輕心。

眼鏡——身體狀況令人擔憂的時候。務必早睡早起過規律的生活。

蝴蝶——運勢上升中。尤其是財運與物質運。

花——幸運機會降臨。愛情的機會就在眼前。加油！

樹葉——並沒有重大的事件，但卻有許多麟爪般的喜悅。

魚——大幸運來臨。令人可喜的意外就在眼前。

月——展開新的戀情。注重自己的打扮與舉止動作。

星——戀情得償。尚未向情人告白者目前正是良機。

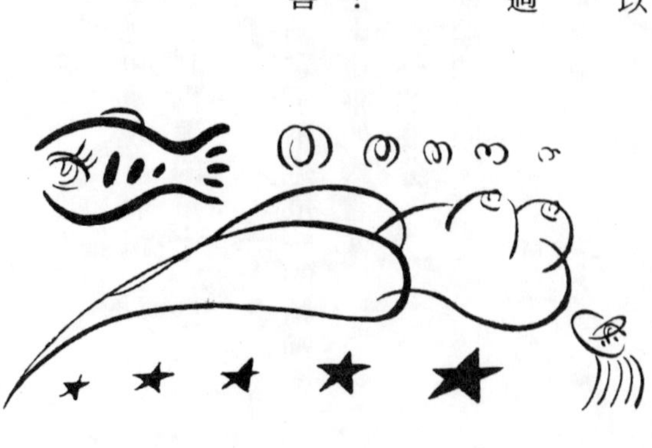

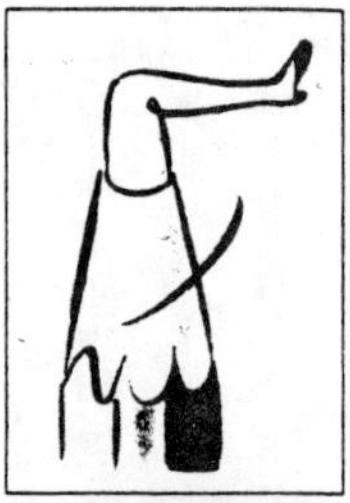

鉛筆占卜

●立即掌握今天的運勢

〈準備物品〉

三隻鉛筆

〈占卜方法〉

這是利用數的神秘力，以預知當天運勢的占卜。

人們認爲遠自古希臘數字就具有特別的ESP的能力，因而從當時這個占卜術就深獲人們的喜愛。這就是所謂的吉波肯茲占卜術。

準備三根六角形或有六個面的鉛筆，在各面上用油性筆寫上1～6的數字。

三支鉛筆同樣地寫上數字。

寫完後將三支鉛筆一起丟擲在桌上。

朝上的面出現那個數字？計算三支鉛筆所出現的數字，即可瞭解這個占卜的結果。

丟擲在桌上時如果鉛筆掉落在地，必須重做一次。

診斷

3——可能會有令人意外的好事發生。今天一整天運勢極佳，想做或渴望做的事不妨立即付諸行動。今天必過得相當有意義。

4——也許會有令人不快的消息。煩惱多，失望也多。必須慎重行動避免出差錯。

5——出現對你極有幫助的貴人。因爲貴人相助可能使事情朝好的方向進展。希望得以實現。

6——遺失金錢或重要物品的暗示。也要留意因粗心大意造成的過失。今天一整天必須冷靜地處事、行動。

7——注意醜聞的發生。莫須有的謠傳出現在朋友之間或發覺情人的偷情——。行止老實才能逢凶化吉。

8——祈願的事可能中途夭折。切記粗心大意。也許可能遭人非議。這是應特別留意的日子。

9——大吉日。遠大的夢想或目標即將達成。你的辛苦必有回報，努力不懈地往前進吧。

10——運勢上升。可能有許多愉快的事。碰到困擾時找家人商量必可解決。財運也暢旺。

11——即將完成的事可能會出現枝節。也許與該事有關的人會生病。尤其必須注意戀愛關係。

12——好消息臨門的暗示。渴望著手某事的人現在正是機會。電話或書信的運勢更佳。

13——今天似乎不是個好日子。也許內心所想、祈願的事會以悲劇收場。不慌張而踏實地依自己的信念行動，

乃是成功的關鍵。

14——與新朋友建立友誼。也許會出現協助你的貴人。不過，其中也暗示著人際關係中的糾紛，這一點務必小心留意。

15——不可貪得無厭。過多的慾念反而會漏失幸運。提起精神專注地投入某一件事上才有最好的一天。

16——再加點勁由才能使平常的努力達到成果！繞道而行或散步、短程旅行等改變場所可能會閃現新的構想！

17——可能有遠方而來的好消息。傾聽長上的建議而採取行動，必有極大的進步。

18——今天是大幸運日。任何事都能心想事成。隱藏在內心的希望極有可能實現，斷然地付諸行動吧。

生命樹占卜

●你今天的狀況如何？

〈準備物品〉

一隻紅鉛筆

〈占卜方法〉

請看次頁。這是源自古雅典猶太人的圖形，此圖形非常重要而被稱爲「生命樹」。猶太民族爲了解開天地萬物之謎，而有一本欲窮究神靈世界的高等學問——「卡巴拉（Kabbalah）」，生命樹就是在這本神秘主義經典「卡巴拉」中所陳述的教義之一。

生命樹隱藏著解開複雜人心之謎，開發所隱藏能力的關鍵。

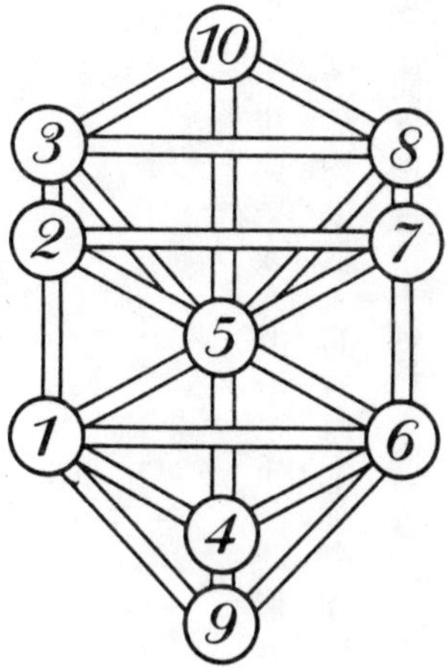

仔細看這個圖形，發現它是由十個圓所組成。

據說這十個圓各代表組成宇宙的重要因素，彼此牽制力量並有機能的配合。

假設只能在這十個圓中將其中一個塗成紅色，你會選擇那一個圓呢？

請仔細思考之後，實際地塗上顏色。

診斷

1 榮耀的圓—Ⅷ

目前的你顯得非常積極，凡事都不服輸。具備卓越的實行力，能完成所決定的事。積極向前努力必可輕易地獲得成功的機會。

受同性與異性信賴的時候，也許其中還有暗中思念著你的異性。

不過，由於你過於專注地投入，可能反而失去難得的戀愛機會。

在健康方面請充份地注意左腳。

2 正義的圓—V

目前的你，是否在愛情方面感到不滿或煩惱？

只在意異性的容貌、外在條件而忽視了最重要的部份。

因而與情人感情不睦或找不到意中人，而有各種的煩惱產生。

依目前的狀態而言，身邊所陪伴的可能是只有外在美麗軀殼而無實質的情人。你應該培養洞穿本質的眼力。

健康方面應注意左手臂或肩膀的傷害。

3 母性愛、知性的圓—Ⅲ

在這個圓上塗紅的人，是目前積蓄著相當的精神壓力的證據。你的行動會先顧慮他人而不在意自己。似乎常會過度地壓抑自我。

但依這個狀況恐怕會被壓力逼得喘不過氣。不妨允許自己有一點的任性吧。如此才不會迷失自己。

請避免只顧慮對手的感受而讓意中人被奪，空成悔恨。

健康方面應注意精神壓力所造成的自律神經失調症。

4 基礎的圓—Ⅸ

現在的你，懂得狀況判斷並具備洞穿他人心的卓越能力。而且，也兼具掌握對方心理的能力，是處於深獲他人好感的狀態。

提起勇氣向意中人表白，極有可能立即發展爲戀情。交往中的人會發現你所潛藏的意外性，而使雙方的關係急速發展。

健康方面較脆弱的是婦人科系的疾病。

5 熱情和美的圓—Ⅵ

這個圓表示美麗、魅力與熱情。

選擇這個圓的你，不論外在或內在都處於魅力日增的狀態。

同時，憧憬著令人意外的浪漫史，應可在最佳時機抓住最美麗的戀情。

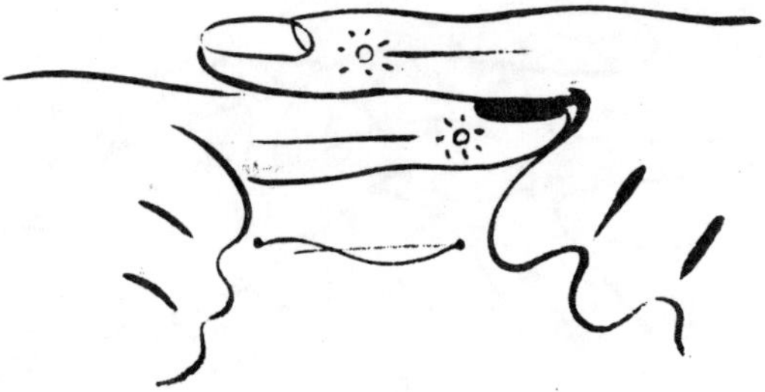

但熱情的反面是易冷易熱，可能刹那間失去對愛情的企盼。

健康方面没有任何顧慮的地方。

6 勝利的圓—Ⅶ

目前的你，處於情緒非常高昂的狀態。如果能將這個情緒朝前推進而積極地行動，必會有新的作爲且能獲得成功。

但如果不知如何發洩内在隱藏的能力或懶散怠懈，即有可能陷入焦躁不安、情緒不穩定中，應特別注意。

穿著打扮儘量表現精神而開朗的印象，把競技運動帶進生活領域，祈使適切地發洩飽滿的精力。

健康方面的弱點是右腳。

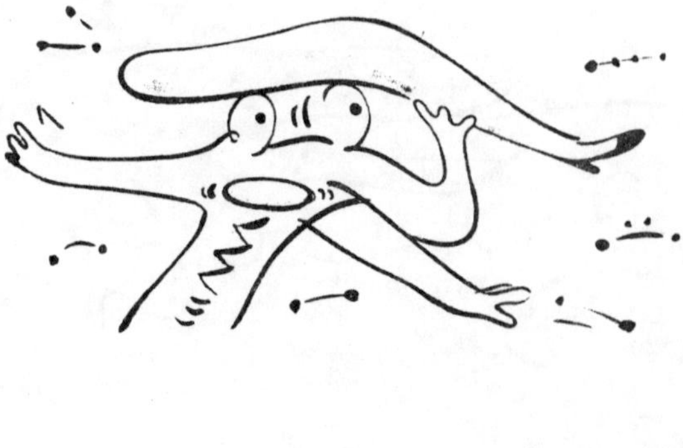

7 善、體貼、愛情的圓－Ⅳ

在戀愛方面目前是隱藏著發展的可能性。

你目前也許渴望對某個異性犧牲奉獻。你的意圖在行動上早已傳達給對方了。如果有喜歡的人，不妨以這個方式親近對方。因爲，你所鼓起的勇氣和行動力會使雙方的感情順利地進展。

健康方面，請注意右手臂和肩膀的受傷及身體的疼痛。

8 知性、構想的圓－Ⅱ

渴望有大膽作爲的你，充滿著冒險心。即使碰到危險也務必達成己願。處於這樣的狀態下遇有危險也會以樂觀的態度面對，不會拘泥細微小事，因而最適合一再地開拓新天地。

戀愛方面是處於進攻的良機。健康也無顧慮之處。

9 協調、安定王國的圓—X

你是處於消極、常識性而相當認眞的狀態。但也許是略爲封閉自己的緣故而無法坦率地對他人表達好意，結果蒙受損失。

如果已鎖定目標，不妨試著明確地向對方表白自己的心意。藉此可以取得周遭與自己的平衡，也許好事會接踵而至。

健康方面應特別注意因疏忽所造成的傷害。

10 理想實現的圓—I

你的心思會想到以往未曾思考的事物。同時，對以往的生活略感不滿，發覺未能充份發揮自己潛藏的能力而感到浮躁不安。

選擇這個圓的你，正處於將自己的能力做極度的發揮而掌握理想的時期。因而應忠實地面對自己的心，明確地找出自己所渴望做的事。這樣才能使你變得更容光煥發。

健康方面應留意臉和頭部的疾病。

●渴望知道心理狀態時

畫線占卜

畫線占卜可以告知你的身體狀況或心理狀態。

〈準備物品〉

紙和鉛筆

①

②

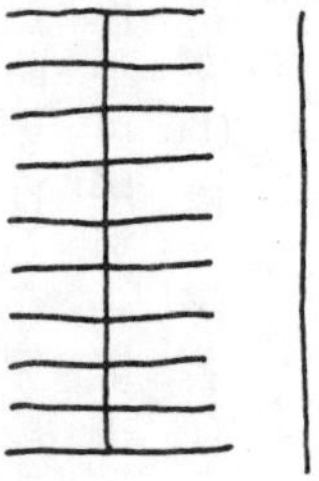

〈占卜方法〉

筆直坐在桌前，正面放張白紙，固定它避免移動。

接著蒙上眼睛（閉眼），手拿鉛筆先在白紙的正中央畫①的直線。

這時要注意手掌或手的一部份不可貼靠在桌上。也不可用另一隻手按住紙張。

畫完①後，接著從左向右畫長約10公分的橫線，如②的方式畫10條。

(A)

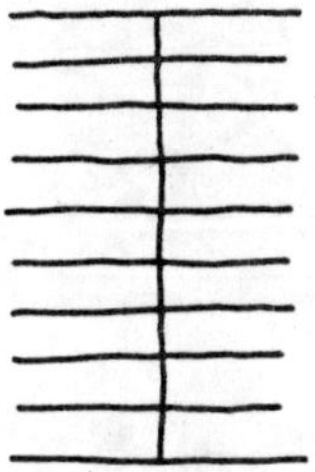

(B)

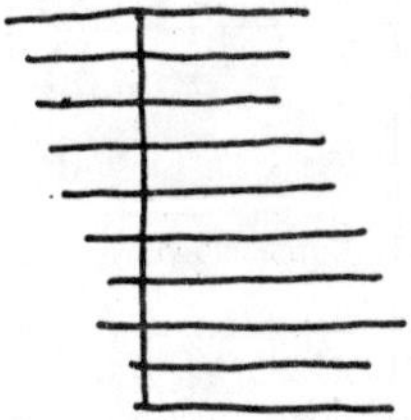

(C)

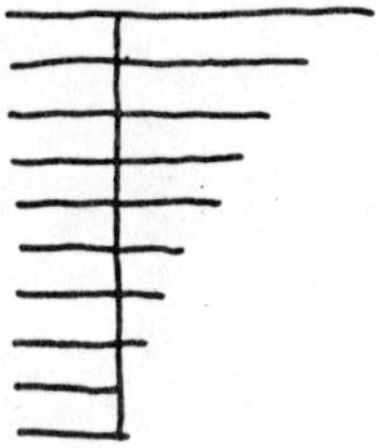

(D)

(E)

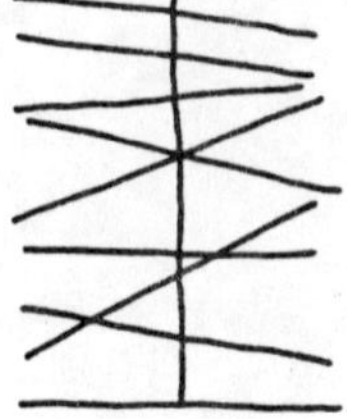

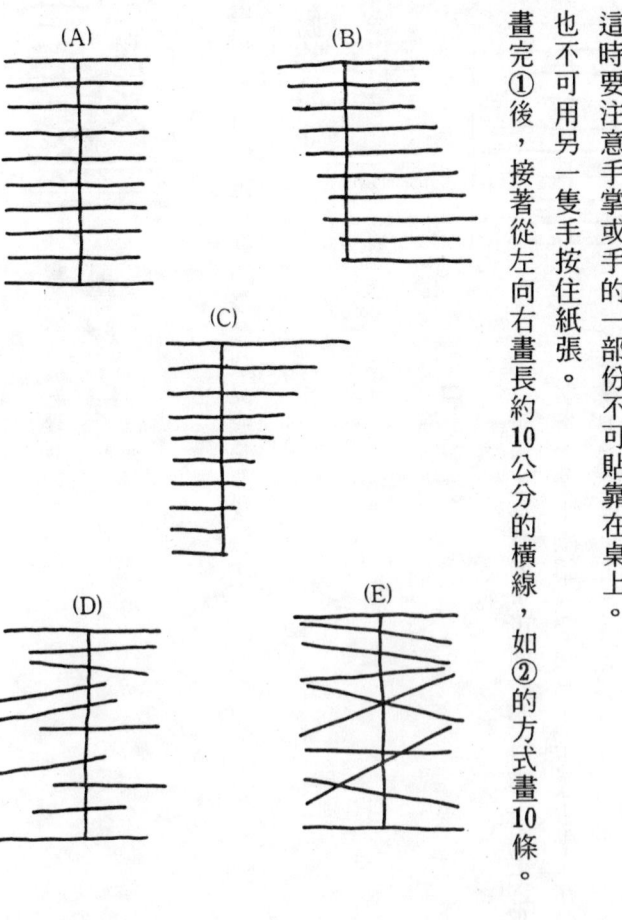

診斷

A 10條橫線平行齊整，如圖形②時——目前的身體狀況非常良好，頭腦也清晰。做任何事都可如償所願。深獲旁人的信賴而能坦然地進入對方的心理世界。交際運非常活潑。

B 10條線偏向中央線的右邊時——在各個方面表現積極的時候。但只有情緒的高昂而無實質的效應，會半途而廢或因慾求不滿感到煩惱。這時與其悶居在家中不如斷然地出外活動或旅遊。心情必會感到暢快。

C 10條線偏向中央線的左邊時——是否有擔心或不可告人的煩惱？感到寂寞或渴望與好友交談的時候。非常消極，開始覺得任何事都令人厭煩。整天看電視或懶得出外，顯得不活潑的時候。建議你利用運動轉換心情。

D 線條忽左忽右顯得混亂時——感到非常高興或有不可告人的秘密。

狠下心來購買以往想而不敢買的物品。目前的你，最重要的是先三思而後行。

E 線條多處交叉或重疊時——是否常睡不著或覺得容易疲倦？也許有令你牽掛不下的事。

但實際上情況並不如你所想像的壞。只是對事物容易顯得消極而感到鬱悶，這時很容易造成無妄之災。

請特別注意上下樓梯或紅綠燈的信號。

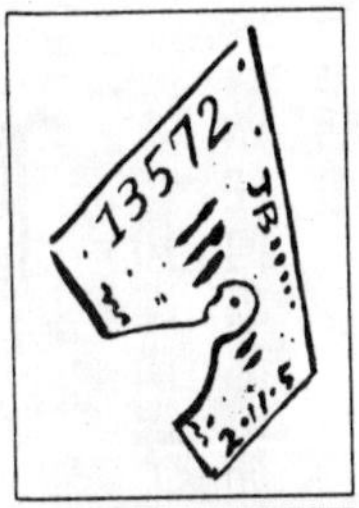

車票占卜

●偶然決定命運

根據日常生活中偶然所看見的數字占卜當天的運勢是古來

常做的占卜法。

這類「數」的命運學中特別著名的是前述的「卡巴拉」。據說以預言世界末日而聞名的挪斯特拉達姆斯，也是根據卡巴拉做占卜。

對於數字命運學另一種解釋，是各個數字暗示著星辰。以數字代替當時天體的活動而做占卜。

1＝太陽　2＝月亮　3＝木星　4＝天王星　5＝水星

6＝金星　7＝海王星　8＝土星　9＝火星

近代歐洲手相術中著名的基洛，也有其獨自的數占卜。

〈準備物品〉

車票

〈占卜方法〉

注意看車票橫向印刷的數字。

把這個數字全部合計起來。

總數是二位數時，再將這兩位數字合計起來，成爲個位數。

例　2568是2＋5＋6＋8＝21、2＋1＝3，「3」就是命運數。

診斷

1——當天的運勢全是大吉。心願都能實現。

2——凡事都能順利，但需留意藏匿的敵人或意外的障礙。

3——感到不安或有令人擔憂的事。

4——不做事反而安全。誘人的話題通常有陷阱。慢慢來，以悠哉的心情面對最爲重要。

5——感到迷惑或有令人心酸的事發生的前兆。

6——根據你以往的所做所爲而有善果或惡終。

7——注意受傷或車禍。冒險或無理強求都會帶來危險。

8——能平穩而愉快地過生活的時候。樂趣洋溢。

9——注意爭吵、意見相左、金錢的借貸。

另外，二位數字中以下的數字必須做特別的占卜。

19——心願達成。有新的發現或傑出優秀的人。

22——出現協助者、出乎意外的幸運之兆。

荷包蛋占卜

●早餐能占卜運勢

用蛋做占卜的方法稱爲「奧曼茲雷」或「歐茲可必」。

這是流行於十九世紀歐洲的占卜術，原本是波斯人或古羅馬人愛用的方法。

出外旅行前或在旅遊地占卜運勢。妻子也能在家裡藉此得知旅行中丈夫的安否。占卜法簡單，只要拿一個蛋敲破殼放進煎鍋！根據荷包蛋煎烤的程度，即能占卜妳的運勢。

妳的早餐不妨打一個蛋做成荷包蛋來吃？

〈準備物品〉

蛋、煎鍋

〈占卜方法〉

準備一個圓型的煎鍋和一個蛋。內心思考著所祈願的事，然後敲開蛋殼。根據所煎烤的荷包蛋的形狀及程度來占卜妳的運勢。

診斷

①蛋黃位於中央時

認識心地善良的男性。這一天可以帶著開朗的心情度過。不妨積極地到人群聚積的地方。如果有令妳產生好感的男性，請帶著笑容主動地接近。這是妳的願望達成的機會。

若想大展抱負，今天是幸運的日子。前輩或長上應可成爲妳最佳的理解者。

②蛋白散在左邊時

努力不懈的你，可能會變得情緒消沉。芝麻蒜皮的小事令妳感到浮躁不安或失去積極向前的鬥志。

但這只是暫時的現象，其實妳的願望將可得償的徵兆已現出端倪。同性的協助遠比異性對妳有更大的助益。

而明天比今天更幸運。

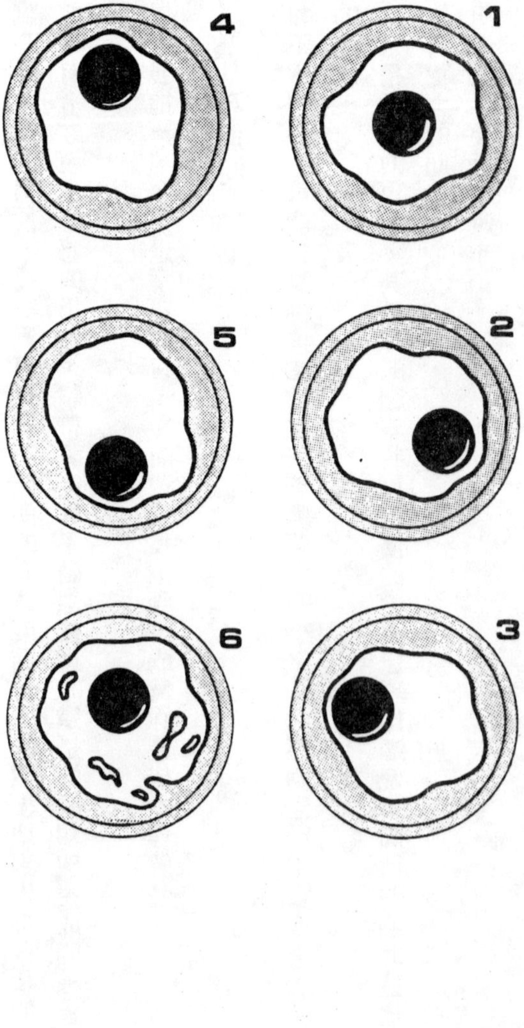
4
1
5
2
6
3

③蛋白散在右側時

決斷必須慎重。一味地感到焦急並無法使事情順利發展，也不能產生好結果。

這是妳和男友之間出現情敵的暗示。原本順利的事情出現失敗的徵兆，也許會有解除婚約等分離的情況。也要注意周遭居心不良的人。

荷包蛋的蛋白焦黑時，是受傷或受到他人重大阻礙的暗示。

④蛋白擴散到下側時

可能會掀起一陣波濤。身體狀況變差而感冒或想要採取行動，卻突然感到萎縮。可能會有被他人背叛的最壞情況。請務必小心注意。

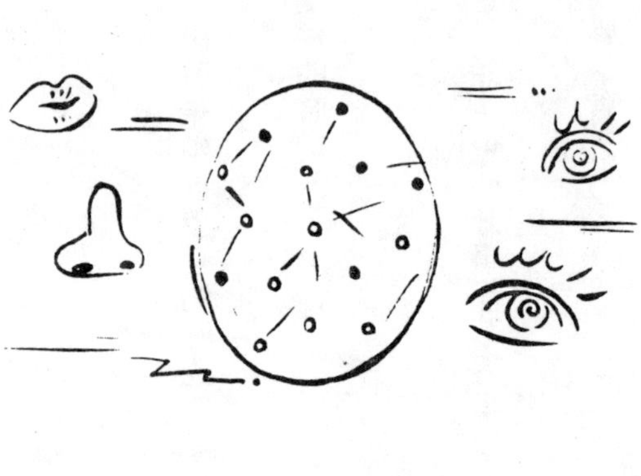

如果蛋白出現破洞可能是言語溝通上的失誤而造成重大的失敗。特別要注意和年長者談話時的遣詞用句……。

⑤蛋白擴散到上側的情況

戀愛走運。似乎有對妳無法忘懷或暗中思慕妳的男性。患有結婚渴望症的妳或哀嘆身邊沒有男友的人，不妨仔細地注意周遭的人際關係。

但這個異性並不一定適合妳。也許是叮嚀妳正視交友關係的時期。

⑥蛋白變形出現落差或有破洞時

慾望過強導致悲哀的結果。妳是否貪得無厭被利慾沖昏了頭？可能凡事都落得半途而廢的結果。陷入慾求不滿或有爭吵、爭執的暗示。

另一方面，與妳爭吵的朋友或視若競敵的人，可能會助妳一臂之力。

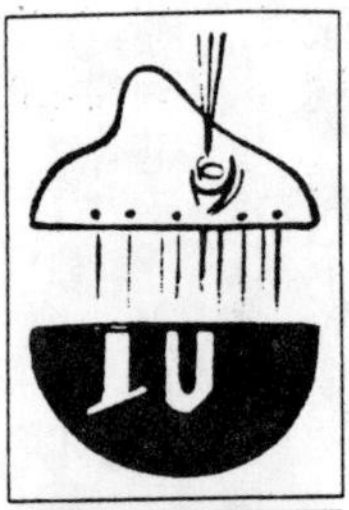

錢幣占卜

●願望果眞能達成嗎？

〈準備物品〉

10元硬幣四個

〈占卜方式〉

先確認錢幣的表、裡。寫著「10」的一面是裡面。

將四個10元硬幣放在雙手中不停地甩動，並思考著想要占卜的事或願望。

一直甩動硬幣直到心滿意足，然後閉上眼睛從手中一一掏出硬幣，由上依序排列下來。

排列完畢後，張開眼睛看看這四個硬幣的排列順序如何。

診斷

表面用①、裡面用②表示。

①①①①—人際往來方面的心願可以達成。傾聽多數人的意見，而所下的決斷出現好的徵兆時，則積極地進行。

②②②②—旅行、訪問、散步、開始著手某事都有好的影響。必須相信中午以前所做的決斷。

在方位上北方有令人可喜的事。

①①②②—心願得償擁有幸福。大機會接踵而至。斷然地勇往直前吧。也有上升的零用錢運。任何事都能完成的時候。

②②①①—只要努力必能達成。再加把勁即能實現遠大的夢想。即使辛苦也必須貫徹到底而不放棄。

你的幸運時間是下午三點到四點之間。

①②①②—擁有想要的東西或失而復得。耐心等候直到對方主動付出較有益處，因而不要忘了等候時機的努力。

星期二是幸運日。

②①②①—喪失擁有的東西或在將屆成功之時產生糾紛。心願恐怕無疾而終。行動不要誇張而含蓄。

目前最重要的是，耐心等候。

②①①①—處於健康的狀態。出現明朗的徵兆。

糾紛慢慢地獲得解決，朝對自己有利的方向進行。

帶著信心採取行動。

①①①②—狀態急轉而下，可能變成令人悲傷的結果。

不過，你的辛勞可以得償。千萬不要焦急。你應該表現明確的態度。

星期六是幸運的日子。

②①②②—穩健而沉著地解決事情。必須擁有坦率的心。不妨在公園或花圃散步。

星期五是幸運的日子。

②②①②—積極行動而處事俐落敏捷，必有機會來臨。但必須有泰山崩於前不為所動的心理準備。

星期一是幸運的日子。

①②①①—運勢起伏不定。雖然有遠大的發展，卻樹敵多造成爭執的來源。

與朋友會晤的場所最好是西的方位。

星期二是幸運的日子。

①①②①—平穩情緒慢慢來，精神方面會有助益。頭腦清晰的時候最適宜解決疑難雜症。外出時留意自己的穿著打扮。

星期三是幸運的日子。

①②②①—和某人同心協力。友情或共同作業會有好影響。必須有二人以上的協助。

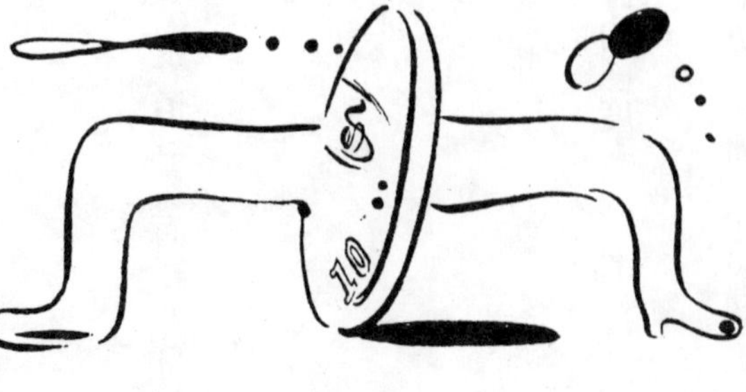

雖然非常辛苦，卻不要忘了這些辛苦會影響到未來。

②①①②—如果凡事以自我爲中心來考量，則難以達成心願。過於拘泥某一件事會造成負面影響。

必須具有拿得起放得下的勇氣。

①②②②—所有的狀況都朝對你有利的方向發展。但因內向而可能造成失敗。

先決條件是帶著自信勇往直前。如此才能擁有美妙的心情。

星期四是幸運的日子。

②②②①—可能因爲過度賣力而失敗。星期六再反省自己的所作所爲，對自己會有幫助。

腳或下半身可能會受傷或出現障礙。

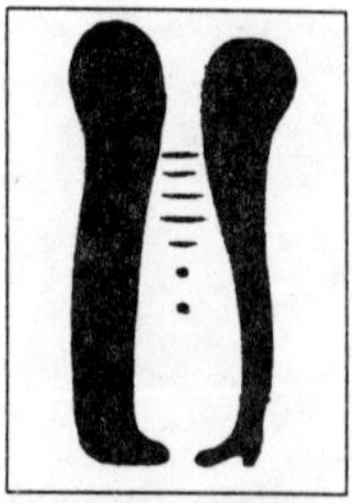

●用餐前的占卜

竹筷占卜

參加研習旅行或家族旅行，於車站或旅館用餐，在用衛生筷之前不妨做一下占卜。

〈準備物品〉

衛生竹筷

〈占卜方式〉

根據衛生筷分離時的現象占卜運勢。譬如，口中唸誦著：「明天的上午會有好事發生嗎？」並閉上眼睛打開衛生竹筷。

診斷

你的心願得償或出現達成你的心願的協助者。

●左手邊的竹筷較粗時……

出現競敵或在最後關頭失敗。

若能更積極地努力運勢必會上升。

●右手邊的筷子較粗時……

如果慌張會使你的心願落空。

可能或有遺忘或遺漏物品的情況發生。

●竹筷途中斷裂……

你的心願無法如願以償。

也許會發生重大的糾紛。千萬小心！

●培養預知能力的方法

必須重視預感的理由

日本電影導演大林宣彥先生曾對自己本身的ESP能力做以下的敘述。

「我從不會在進行某些事情之前訂定計劃，但結果凡事似乎都在計算中依序展開。在日常生活中常有這類的情況。令我感到相當的意外……。

譬如，在街上內心渴望碰見某人。慢慢地內心裡會湧現一股確信的靈感。像『彎過某街角就可碰到那個人』等等。而出人意外地那人眞的站在那裡。

又如坐在電話旁，心想打個電話給久未連絡的朋友。結果不到十分鐘電話就響了。而最常碰見的是撥電話的時候，在電話鈴聲剛響的瞬間，對方就來接電話，換言之，我們彼此是在同一個時間打電話給對方。」

大林先生從前在岡山的旅館還有過奇妙的經驗。當時他因眼鏡的螺絲鬆了

ESP小知識

想借支螺絲鉗而離開房間走到電梯前時，電梯門突然打開，服務生手上正拿著螺絲鉗的工具箱。且工具箱的蓋子打開著似乎明白地表示：「請拿去用吧！」

大林先生認爲：「這是任何人都有的預感，並非什麼超能力。」而大林先生在日常生活中，會巧妙地運用這個預感當做一種技術。

從上述的例子，我們是否更應重視自己的預感呢？

可以抓住夢中的靈感嗎？

因爲，預知情報的掌握和腦的潛在性活動有極大的關係。

而最重要的是α腦波。α波是腦波的分類之一。當人正在思考事情時腦波是呈β波，睡眠狀態則出現θ波，鬆弛狀態出現的是α波。α波是一秒鐘反覆八～十三次的週波，是八～十三HZ的腦波。閉上眼保持安靜或處於瞑想狀態，且意識集中、身體鬆弛時會出現α波。

但睡眠中有時也會出現α波。這稱爲雷姆（人體倫琴當量）睡眠。據說具有某種ESP能力的人或擁有「氣巧」能力的人出現α波或β波的腦的部位不同。常有靈感閃現的人常出現α波。

睡眠是無雷姆睡眠和雷姆睡眠的交替反覆，而處於作夢狀態下是雷姆睡眠期。一個晚上會出現四回到五回的雷姆睡眠期，所以，我們一個晚上會做四到五回的夢。

但是，所做的夢幾乎完全忘記，只有最後做的夢才隱約殘留在記憶中。而α波經常出現時，做夢是表示在夢中極有可能掌握靈感的機會。

日本諾貝爾物理學獎得主湯川秀樹博士，是在疲倦陷入昏昏欲睡的狀態中，掌握了發現了中間子理論的啓示。同樣地得到諾貝爾獎的福井謙一博士，據說也是在夢中獲得周邊電子理論的啓示。

從前，美國曾針對二〇〇人以上的科學家詢問：「你是如何製造創造性工作的條件？」結果四七%的人回答：「夜晚睡眠前思考目前所煩惱的問題。」

身心處於容易預知的心理狀態

出現α腦波的雷姆睡眠期中，腦的右半球正活潑地發揮作用。換言之，精

ESP小知識

神方面的感覺極爲敏銳。這從實驗已獲得證明。

一人陷入雷姆睡眠狀態而清楚產生α腦波時，另一人進入深度的瞑想狀態，在腦中憑空想像某種景象。此人想像的是山中清澈湖面映著美麗的雲朶。這時搖醒已進入雷姆睡眠狀態的人，發現他在夢中所看到的竟然是同樣的情景。

換言之，做夢照類夢境是處於容易產生預知或靈感的狀態。

睡眠中我們的左腦機能變得非常脆弱。相反的，右腦機能會增強。因此，在夢中很容易出現預知情報。

如果你認爲所做的夢也許是預知夢，務必確實地記錄下來以避免遺忘。

開拓夢中預知能力的方法

人在什麼時候會有預知的情況產生呢？有關這一點許多學者曾做過各種不同的研究，其中英國的研究家索爾特馬修的研究有不少重大的啓示。

他在研究中調查產生預知情況的心理狀態時，發現最常見的是「根據夢的預知」四一％、其次是「浮現印象」二二％。

ESP 小知識

換言之，從夢獲得預知佔居大多數。而其內容以「自然死」最多。從「死亡的預知」佔居絕大部份使人聯想到自古以來所謂的「正夢」。

當你做了有關「死」或「事故」的夢，則應特別注意思考這也許是某種事態的預告。

J・W・迪恩博士教導我們利用以下的方法開拓在夢中預知的能力。

首先，睡醒時立即記錄剛做過的夢的內容，可書寫在筆記本上或用錄音。詳細地回想夢中特別醒目或印象深刻的事。零零碎碎的內容也無妨。

迪恩博士認爲：「夢中也包含過去的經歷，它的比率和未來所發生的事情大致相同。」但以下三種情況會對拓展夢預知能力造成阻礙。

- ●對夢的細微部份注意不足
- ●沒有將夢和未來的事情連成一體思考
- ●認爲根本不可能預知未來的心態

這些都是造成阻礙夢預知能力的因素。

chapter — 2

向月神
請教愛情的動向

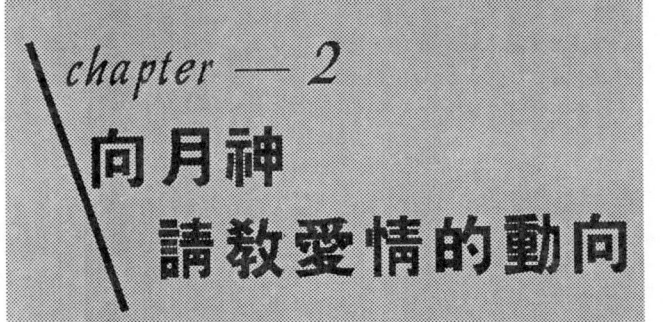

月亮的作用會左右人的命運

自古以來人們認爲月的盈虧會左右人一生的運勢，和運勢的週期關係密切。以平均二九・五日的週期繞轉地球的月亮——各位應該曉得月亮的引力會造成地球潮汐的漲退。但現在美國的科學家證實了月亮的影響並不止於如此。

月亮不僅會使地球產生地震等各種自然現象，對人的心理也有極大的影響。譬如，據說滿月之日犯罪案例遽增，從資料顯示飛機事故常發生在滿月之日。傳說中的狼人也在滿月之夜變身，也許這不是杜撰的謠言，而是證實月亮所具有的神秘熱能傳說吧。

根據精神病理學家雷歐納特・拉彼茲的研究，在滿月時人的頭部和胸部的電位差會加劇。由於大地的磁力線受滿月的影響使得人體也產生變化——。總而言之，月亮神奇的功能仍然是解不開的謎團。

唯一可以證實的是，月亮支配著人心的奧妙之處。事實上，賦予人類具有ESP等神秘能力的也是月亮。

以下介紹的占卜是探討月亮對人造成何種影響？更重要的是探討月亮如何賦予人們

對愛情的靈感。首先請計算你出生日的月齡。

月齡的計算法

(1)找出關鍵字

首先請看次頁的〈表1〉。沿著你出生的座標找到交叉位置的文字。

〈例〉一九七〇年（民國五十八年）12月13日出生者的A先生↓C

(2)找出關鍵數字

接著請看〈表2〉。根據(1)找出的關鍵字再找寫在其內側的數字。

〈例〉　A先生是C↓28

<表1>找出關鍵字

年＼月	1	2	3	4	5	6	7	8	9	10	11	12
1938 1957 1976	Ⓟ	Ⓒ	P	Ⓒ	C	Ⓘ	I	Ⓣ	Ⓐ	Ⓐ	Ⓝ	Ⓝ
1939 1958 1977	N	U	Ⓤ	U	Ⓛ	L	Ⓢ	S	M	M	J	J
1940 1959 1978	Ⓡ	Ⓔ	R	Ⓔ	E	Ⓦ	W	Ⓞ	Ⓟ	Ⓟ	Ⓒ	Ⓒ
1941 1960 1979	C	I	Ⓘ	I	Ⓣ	T	Ⓐ	A	N	N	U	U
1942 1961 1980	Ⓛ	Ⓢ	L	Ⓢ	S	Ⓜ	M	Ⓙ	Ⓡ	Ⓡ	Ⓔ	Ⓔ
1943 1962 1981	E	W	Ⓦ	W	Ⓞ	O	Ⓟ	P	C	C	I	I
1944 1963 1982	Ⓣ	Ⓐ	T	Ⓐ	A	Ⓝ	N	Ⓤ	Ⓛ	Ⓛ	Ⓢ	Ⓢ
1945 1964 1983	S	M	Ⓜ	M	Ⓙ	J	Ⓡ	R	E	E	W	W
1946 1965 1984	Ⓞ	Ⓟ	O	Ⓟ	P	Ⓒ	C	Ⓘ	Ⓣ	Ⓣ	Ⓐ	Ⓐ
1947 1966 1985	A	N	Ⓝ	N	Ⓤ	U	Ⓛ	L	S	S	M	M
1948 1967 1986	Ⓙ	Ⓡ	J	Ⓡ	R	Ⓔ	E	Ⓦ	Ⓞ	Ⓞ	Ⓟ	Ⓟ
1949 1968 1967	P	C	Ⓒ	C	Ⓘ	I	Ⓣ	T	A	A	N	N
1950 1969 1988	Ⓤ	Ⓛ	U	Ⓛ	L	Ⓢ	S	Ⓜ	Ⓙ	Ⓙ	Ⓡ	Ⓡ
1951 1970 1989	R	E	Ⓔ	E	Ⓦ	W	Ⓞ	O	P	P	C	C
1952 1971 1990	Ⓘ	Ⓣ	I	Ⓣ	T	Ⓐ	A	Ⓝ	Ⓤ	Ⓤ	Ⓛ	Ⓛ
1953 1972 1991	L	S	Ⓢ	S	Ⓜ	M	Ⓙ	J	R	R	E	E
1954 1973 1992	Ⓦ	Ⓞ	W	Ⓞ	O	Ⓟ	P	Ⓒ	Ⓘ	Ⓘ	Ⓣ	Ⓣ
1955 1974 1993	T	A	Ⓐ	A	Ⓝ	N	Ⓤ	U	L	L	S	S
1956 1975 1994	Ⓜ	Ⓙ	M	Ⓙ	J	Ⓡ	R	Ⓔ	Ⓦ	Ⓦ	Ⓞ	Ⓞ

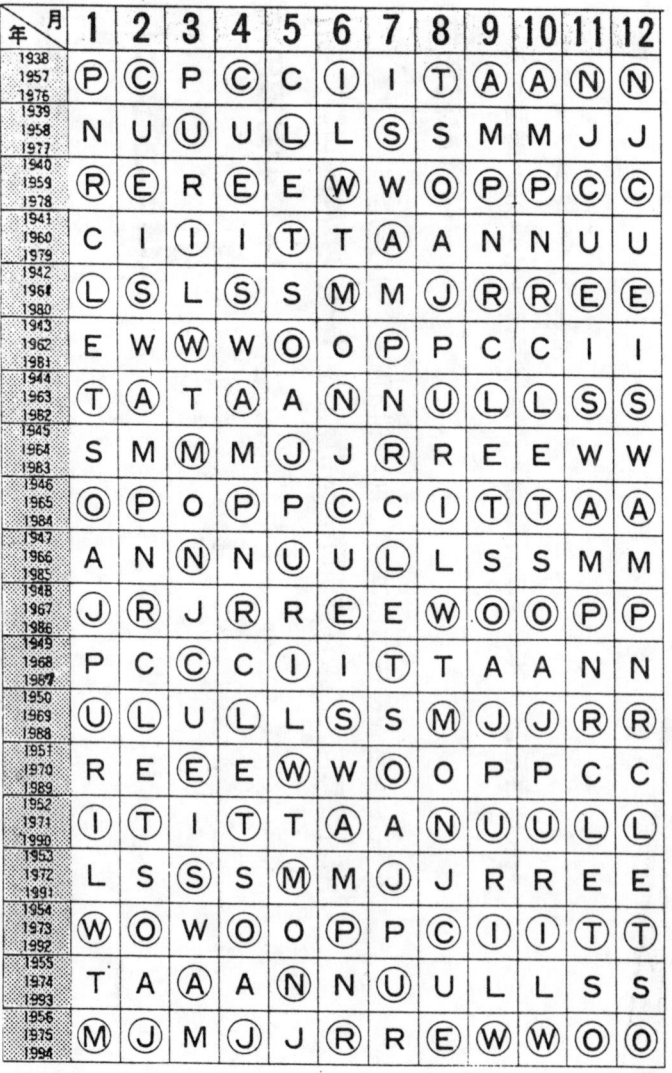

<表2>找出關鍵數字

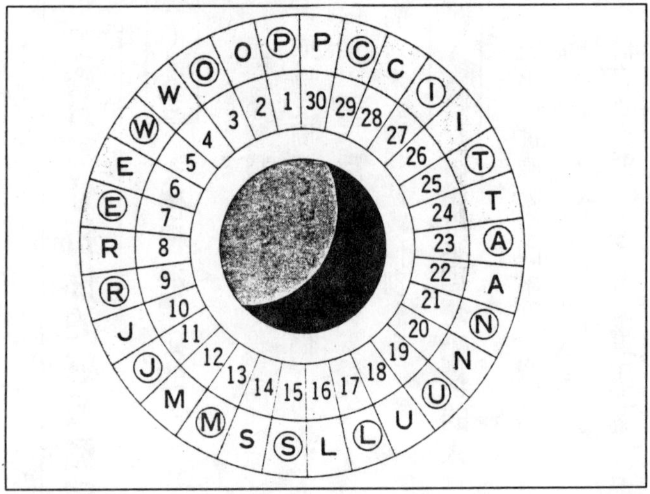

(3)計算月齡

用關鍵數字減去出生日的數字（A先生是13）接著用月亮的週期30（正確是二九・五日）再減去這個數字。所得的答案就是月齡。

如果出生日大於關鍵數字而得負數時，不管正負的符號只將所得的數字當做月齡。

〈例〉一九七〇年12月29日出生的B先生→28－29＝-1，去掉負數得1。1就是月齡。

從月齡分析你的戀愛願望

29～2　★憧憬浪漫史的人

充滿挑戰精神，凡事不畏失敗的你，對戀愛也非常積極。渴望有一段羅曼蒂克的戀情或成爲受周遭人注目的情侶。而多數人通常會如願以償地發展出一段轟轟烈烈的戀情。但是，妄下斷定的你，在實際交往之後可能會發現理想和現實的差距，而突然對所交往的人失去興趣甚或情別戀……。

3～5　★祈求理想戀情的人

追求並挑戰嶄新的事物，個性向上奮發，因而在戀愛方面也追求理想。絕不會畏縮、妥協。

而在實際的交往中會掌握主導權，渴望使彼此成爲最佳拍檔。也會熱心地照料少爺

二、向月神請教愛情的動向

型的男友。

6～9 ★希望男女間的交往是開朗活潑的人

先行後言的你。因而可能使旁人猛吃飛醋或被認爲是輕佻者。

但你的心胸寬宏大量，絕不拘泥小事，因而不會對你造成困擾。行動熱情，每談一次戀愛倍覺光耀魅人。嚮往在開朗的氣氛下與異性交際往來，因而在交往中不會有不良的居心。

10～13 ★幻想少女情懷的戀情

處世慎重而略帶閉塞的你。似缺乏明確地表達心意的勇氣。因而很容易變成在背地裡盡心盡力的「抬轎者」。

而妳的內心深信付出必有回報，妳所嚮往的是，漫畫情節中所描繪的少女情懷的愛情故事。

心地純眞的人，如果能提起更大的勇氣，愛情才會一步步地接近妳。

14～16 ★追求刺激戀情的你

你是喜怒哀樂非常明顯的人。心情起伏不定。但充滿著新鮮的構想及卓越的美感。甚至被批評爲「怪人」。這樣的你，所追求的是和每天能帶給你刺激感的人談戀愛。平凡中的幸福無法令你忍受。相反地，你倒歡迎偶而的爭執、吵鬧！而你也隨時期待著平常行動範圍以外的刺激性的邂逅。

17～20 ★渴望淡淡戀情的人

你是否因重視對方的感受而常壓抑自己的情緒呢？

雖然天生難耐寂寞卻常逞強的你，渴望與身邊的人或能輕鬆交談的人談戀愛，倒不想與偶像中人發生戀情。和朋友交情的人展開平凡的戀情而在不知不覺中走上紅毯的一端。

21～24 ★渴望知性交往的人

積極地在外活動而展開轟轟烈烈的戀情，對你而言幾乎不可能。充滿著知性的好奇心與敏銳的感受性，因而追求樸實卻能志氣相投的人，或和性靈相通者做知性的交往。最討厭如膠似漆、黏黏膩膩的戀情。你最適合成熟氣氛的男女關係。

25～28 ★強烈地渴望撒嬌的人

妳雖然並不突出、華麗卻在朋友之間受人歡迎。不論同性或異性都是衆人信賴的對象。

但妳畢竟也是普通的人，寂寞或迷惘的時候也渴望有值得妳信賴、倚賴的人。因而妳追求能讓妳卸下武裝，以平常心交往的人。

根據妳和男友的月齡分析彼此的投緣性

心有所屬的人可根據月齡分析彼此的匹配性。找出妳和對方的月齡後在〈表3〉的刻度上做下記號。

〈表3〉

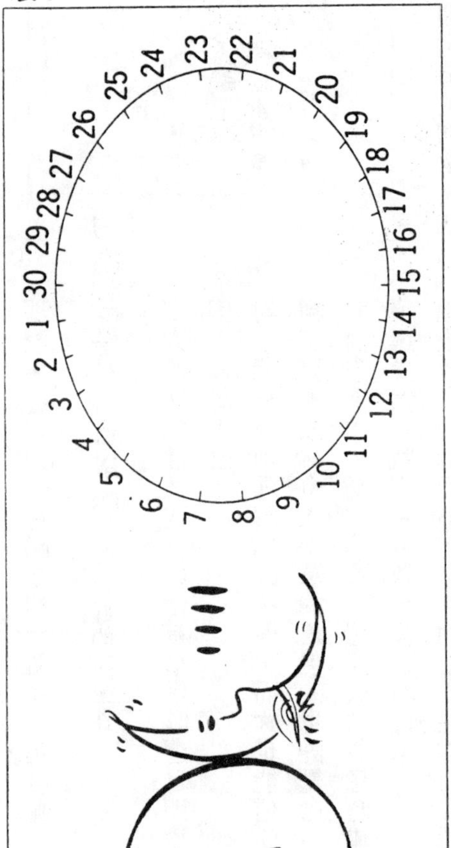

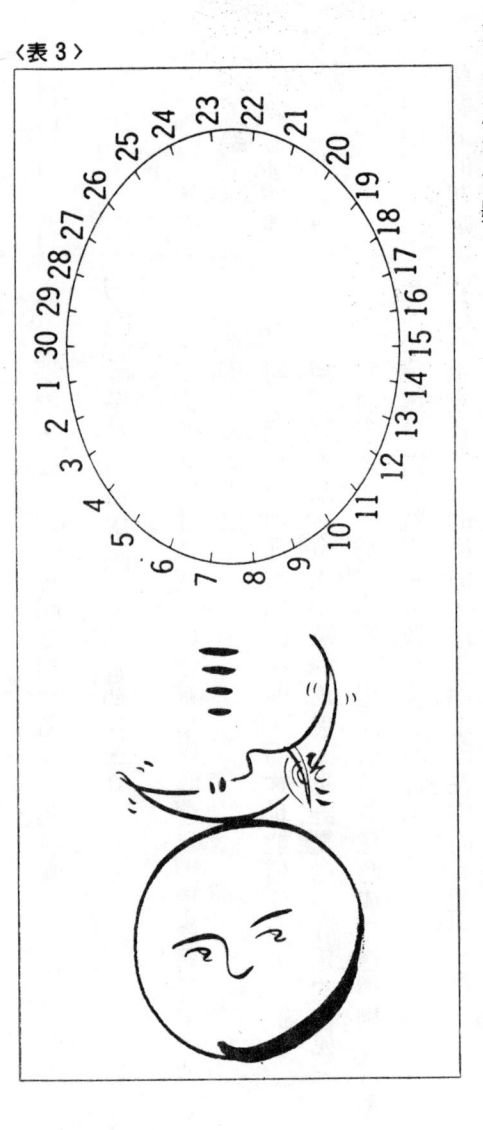

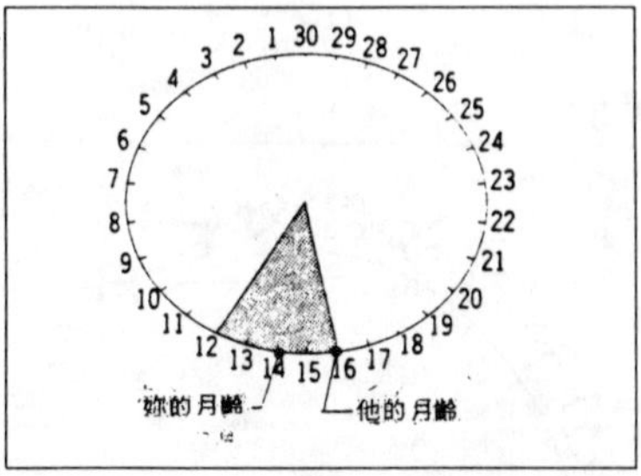

那麼，妳和他的月齡之間距離多少角度呢？

月齡相近在二日以內 ★超群的匹配性

二人的匹配性極佳。即使有事爭吵翌日即重修舊好。感情之好令旁人驚訝不已。

對方能充份地理解妳的感受，而妳也能信任對方。極有可能成爲令人羡慕的情侶。也許是命中註定的佳偶。

向對方追求或初次約會、想要表白心意時或贈送禮物等日子，必須選擇太陽數字（後敘）接近的日子。與對方的初吻將成爲一生永遠難忘的回憶，深刻地烙印在妳的心理。

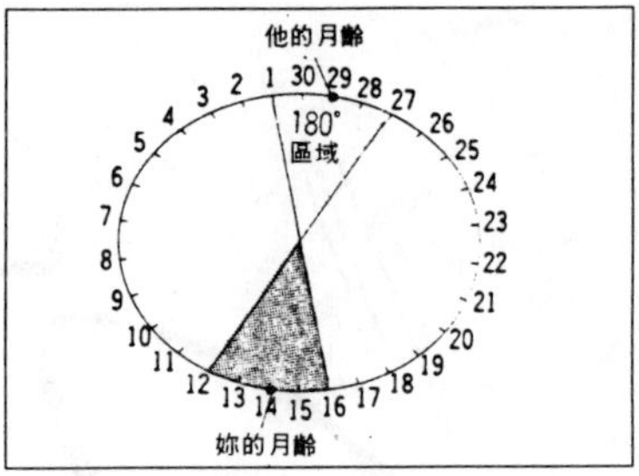

對方的月齡相隔一八〇度的區域　★雖然彼此有意……

這兩個人雖然彼此有意，一旦碰頭卻會互相挑剔或因細微小事爭吵。雙方都是靦覥的人，無法率直地表示自己的心意。

因而兩情心悅之前，可能會走許多冤枉的迂迴路。

但一旦交往之後會變成「越吵越好」的拍檔。

向對方表白心意時最好不要穿著制服或平日慣常的服裝，宜以便服或意外的打扮出現。

平常無法說出口的甜言蜜語或令人心動的語句，會自然地脫口而出。

如果能令對方動心，將是一對美麗佳偶的誕生。

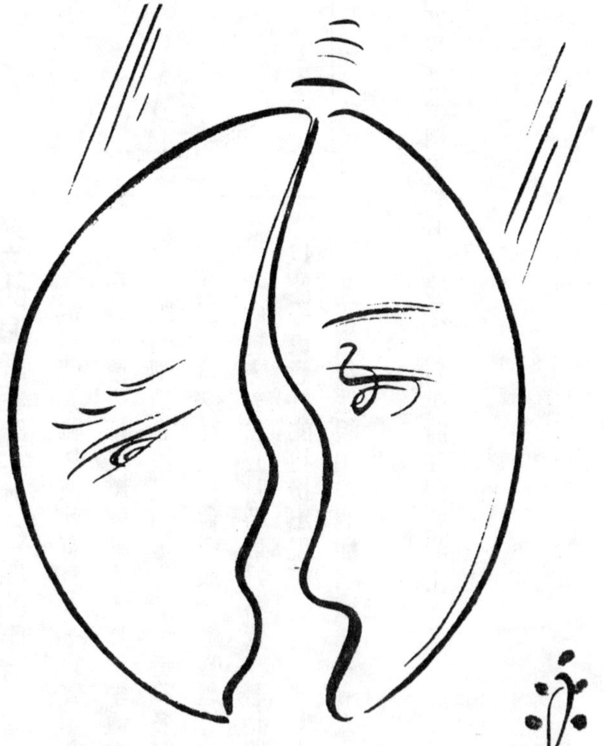

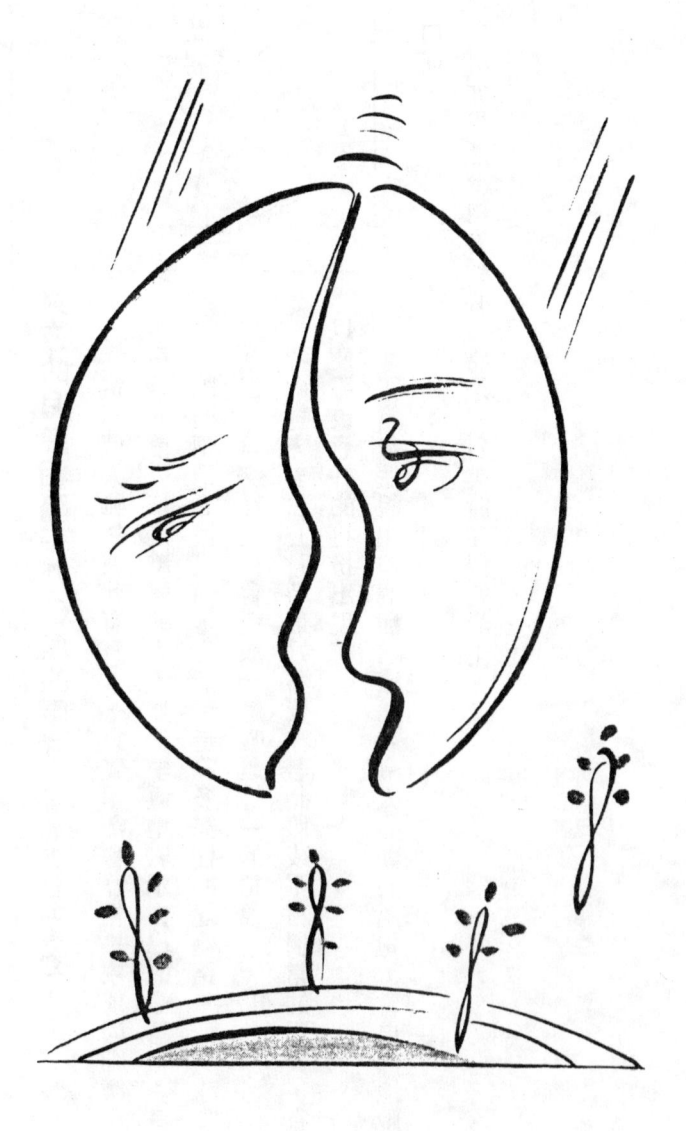

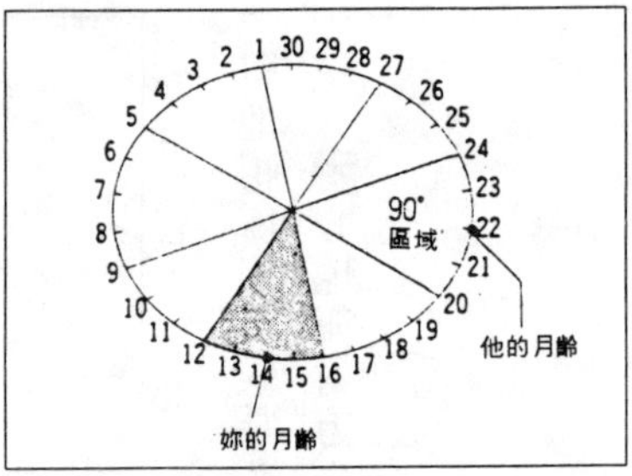

他的月齡位於距離九〇度的區域★有忍才有愛的伴侶

對方對妳而言是值得信賴的人，但有時過於強人所難或情緒起伏不定而令妳感到惱怒吧？

雖然妳爲對方盡心盡力，但卻因其情緒起伏而遭受冷淡或突然受到溫柔的對待而驚訝。

對方的態度令妳一喜一憂，常因抓不住對方眞正的心思所在而煩惱。

如果彼此缺乏理解對方性格與心理的努力，並無法發展愛情。

首先必須顧慮對方的感受。

因爲，對方信賴，而認爲妳是可以傾吐心聲的人。

雖然常有摸不著對方心思的感嘆，但妳若能以寬容的心對待，愛情的路上應可一帆風順。

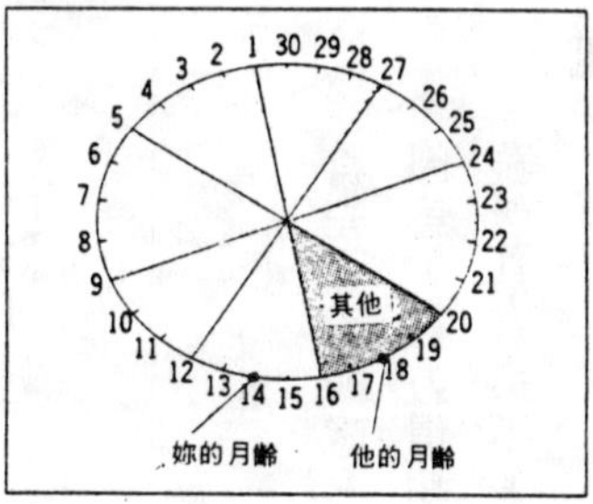

其他的類型　★慢慢培養愛苗的二人

對方對妳而言，也許常令妳有稍嫌不足之嘆。

雖然對方態度溫柔，也能「忽視」妳的任性而不發任何牢騷——。看著身邊的對對佳偶順利地發展戀情而感到羨慕，或被其他異性所吸引。

但這對情侶是屬於慢慢地培養愛苗的類型。

焦急地往前衝只會壞了好事。

雖然對方並非令人滿意的玩伴，但令妳最感到舒坦的不正是與他相處的時候嗎？

耐心地與對方交往，慢慢地必會發展爲彼此成爲對方心靈倚靠的佳偶。

在太陽數字的帶領下選擇適合追求的日子

因承受月能的不同，會改變情侶之間戀情的強弱關係。

妳在月能強的日子追求時對方會立即臣服裙下，因而若能預知這個時機，極有可能提高成爲兩情相悅的可能性！

在此先找出所謂的「太陽數字」，藉此分析當天追求的成功率。

太陽數字的求法

(1) 請看〈表4〉

沿著月齡和出生月日的座標找到交叉之處，就是太陽數字。

找出妳和意中人的太陽數字。

（例） 西元一七九〇年12月13日出生的A先生↓月齡15↓對照表(4)太陽數字是10

〈表4〉

出生月日（想要占卜日）

月齢→	0	1	2	3	4	5	6	7	8	9	10	11	12	13	14	15	16	17	18	19	20	21	22	23	24	25	26	27	28	29
1月1日 ～ 10日	29	31	32	33	34	35	1	2	3	4	6	7	8	9	10	12	13	14	15	16	18	19	20	21	22	24	25	26	27	28
1月11日 ～ 20日	30	32	33	34	35	36	2	3	4	5	7	8	9	10	11	13	14	15	16	17	19	20	21	22	23	25	26	27	28	29
1月21日 ～ 30日	31	33	34	35	36	1	3	4	5	6	8	9	10	11	12	14	15	16	17	18	20	21	22	23	24	26	27	28	29	30
1月31日～2月9日	32	34	35	36	1	2	4	5	6	7	9	10	11	12	13	15	16	17	18	19	21	22	23	24	25	27	28	29	30	31
2月10日 ～ 19日	33	35	36	1	2	3	5	6	7	8	10	11	12	13	14	16	17	18	19	20	22	23	24	25	26	28	29	30	31	32
2月20日～3月1日	34	36	1	2	3	4	6	7	8	9	11	12	13	14	15	17	18	19	20	21	23	24	25	26	27	29	30	31	32	33
3月2日 ～ 11日	35	1	2	3	4	5	7	8	9	10	12	13	14	15	16	18	19	20	21	22	24	25	26	27	28	30	31	32	33	34
3月12日 ～ 21日	36	2	3	4	5	6	8	9	10	11	13	14	15	16	17	19	20	21	22	23	25	26	27	28	29	31	32	33	34	35
3月22日 ～ 31日	1	3	4	5	6	7	9	10	11	12	14	15	16	17	18	20	21	22	23	24	26	27	28	29	30	32	33	34	35	36
4月1日 ～ 10日	2	4	5	6	7	8	10	11	12	13	15	16	17	18	19	21	22	23	24	25	27	28	29	30	31	33	34	35	36	1
4月11日 ～ 20日	3	5	6	7	8	9	11	12	13	14	16	17	18	19	20	22	23	24	25	26	28	29	30	31	32	34	35	36	1	2
4月21日 ～ 30日	4	6	7	8	9	10	12	13	14	15	17	18	19	20	21	23	24	25	26	27	29	30	31	32	33	35	36	1	2	3
5月1日 ～ 11日	5	7	8	9	10	11	13	14	15	16	18	19	20	21	22	24	25	26	27	28	30	31	32	33	34	36	1	2	3	4
5月12日 ～ 21日	6	8	9	10	11	12	14	15	16	17	19	20	21	22	23	25	26	27	28	29	31	32	33	34	35	1	2	3	4	5
5月22日～6月1日	7	9	10	11	12	13	15	16	17	18	20	21	22	23	24	26	27	28	29	30	32	33	34	35	36	2	3	4	5	6
6月2日 ～ 11日	8	10	11	12	13	14	16	17	18	19	21	22	23	24	25	27	28	29	30	31	33	34	35	36	1	3	4	5	6	7
6月12日 ～ 21日	9	11	12	13	14	15	17	18	19	20	22	23	24	25	26	28	29	30	31	32	34	35	36	1	2	4	5	6	7	8
6月22日～7月20日	10	12	13	14	15	16	18	19	20	21	23	24	25	26	27	29	30	31	32	33	35	36	1	2	3	5	6	7	8	9
7月3日 ～ 12日	11	13	14	15	16	17	19	20	21	22	24	25	26	27	28	30	31	32	33	34	36	1	2	3	4	6	7	8	9	10
7月13日 ～ 23日	12	14	15	16	17	18	20	21	22	23	25	26	27	28	29	31	32	33	34	35	1	2	3	4	5	7	8	9	10	11
7月24日～8月20日	13	15	16	17	18	19	21	22	23	24	26	27	28	29	30	32	33	34	35	36	2	3	4	5	6	8	9	10	11	12
8月3日 ～ 13日	14	16	17	18	19	20	22	23	24	25	27	28	29	30	31	33	34	35	36	1	3	4	5	6	7	9	10	11	12	13
8月14日 ～ 23日	15	17	18	19	20	21	23	24	25	26	28	29	30	31	32	34	35	36	1	2	4	5	6	7	8	10	11	12	13	14
8月24日～9月3日	16	18	19	20	21	22	24	25	26	27	29	30	31	32	33	35	36	1	2	3	5	6	7	8	9	11	12	13	14	15
9月4日 ～ 13日	17	19	20	21	22	23	25	26	27	28	30	31	32	33	34	36	1	2	3	4	6	7	8	9	10	12	13	14	15	16
9月14日 ～ 23日	18	20	21	22	23	24	26	27	28	29	31	32	33	34	35	1	2	3	4	5	7	8	9	10	11	13	14	15	16	17
9月24日～10月3日	19	21	22	23	24	25	27	28	29	30	32	33	34	35	36	2	3	4	5	6	8	9	10	11	12	14	15	16	17	18
10月4日 ～ 13日	20	22	23	24	25	26	28	29	30	31	33	34	35	36	1	3	4	5	6	7	9	10	11	12	13	15	16	17	18	19
10月14日 ～ 23日	21	23	24	25	26	27	29	30	31	32	34	35	36	1	2	4	5	6	7	8	10	11	12	13	14	16	17	18	19	20
10月24日～11月3日	22	24	25	26	27	28	30	31	32	33	35	36	1	2	3	5	6	7	8	9	11	12	13	14	15	17	18	19	20	21
11月4日 ～ 12日	23	25	26	27	28	29	31	32	33	34	36	1	2	3	4	6	7	8	9	10	12	13	14	15	16	18	19	20	21	22
11月13日 ～ 22日	24	26	27	28	29	30	32	33	34	35	1	2	3	4	5	7	8	9	10	11	13	14	15	16	17	19	20	21	22	23
11月23日～12月2日	25	27	28	29	30	31	33	34	35	36	2	3	4	5	6	8	9	10	11	12	14	15	16	17	18	20	21	22	23	24
12月3日 ～ 12日	26	28	29	30	31	32	34	35	36	1	3	4	5	6	7	9	10	11	12	13	15	16	17	18	19	21	22	23	24	25
12月13日 ～ 22日	27	29	30	31	32	33	35	36	1	2	4	5	6	7	8	10	11	12	13	14	16	17	18	19	20	22	23	24	25	26
12月23日 ～ 31日	28	30	31	32	33	34	36	1	2	3	5	6	7	8	9	11	12	13	14	15	17	18	19	20	21	23	24	25	26	27

追求日的計算法

找出想要追求異性的當天的太陽數字。

先從〈表1〉和〈表2〉算出渴望占卜日子的月齡，再從〈表4〉算出太陽數字。

接著，將妳和意中人及渴望占卜日子的三個太陽數字塡在〈表5〉「太陽數字表」內。

依下列的方式塡寫。

（例）　一九九〇年2月14日的人

你↓一九七三年6月20日出生↓月齡19↓太陽數字32

意中人↓一九七三年5月4日出生↓月齡2↓太陽數字8

渴望占卜的日子　一九九〇年2月14日↓月齡19↓太陽數字20

那麼，渴望占卜日的線條接近妳或意中人的那個線條？

藉此可以進行占卜。

＜表５＞太陽數字表

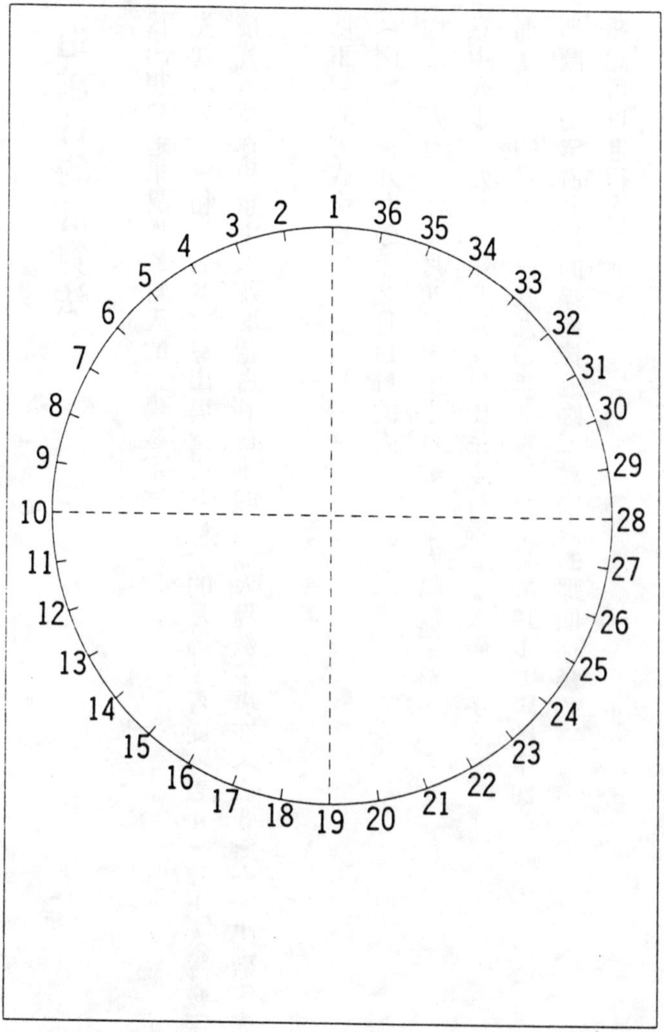
1
2
3
4
5
6
7
8
9
10
11
12
13
14
15
16
17
18
19
20
21
22
23
24
25
26
27
28
29
30
31
32
33
34
35
36

當日的太陽數字接近妳　★抓住他的心的最佳日子

這天非常幸運。對於長期以來患單相思的人而言，是掌握他的心的最佳機會。絕對不要等候對方前來追求。應積極地打電話或邀約見面的日子。試著把妳原本難以啓口的心情告訴對方。

也許妳對意中人周遭的同性帶有自卑感，但今天的妳比任何人更明豔動人。而這一天也有許多令妳感到意外的邂逅。譬如，內心想著對方卻在馬路上不期而遇或在電車裡看見他。除了這些意外的一致之外還有心願容易得償的力量作用，因而主動地進擊以活用這些神奇的力量。保證馬到成功！

當天的太陽數字接近他　★彼此互相理解的日子

這一天妳的意中人會感到浮躁不安或覺得寂寞。這時趁機安慰對方或與對方聊天，必會使其感到舒坦。甚至妳不必多做表示，只凝視著對方的眼睛，即能讓對方瞭解妳的心意。如果仔細地觀察對方，必會察覺他的口中所說的，竟然是平日不可能聽到的事而令妳驚訝不已。今天若能適切地掌握對方的心，必能發展爲長久的交往。

尤其若有務必讓對方瞭解的事，不要用書信或電話傳達，立即碰面表白更具效果。同時，主動積極協助對方想做的事。他必會瞭解妳的優點。

當天的太陽數字位於二人之間

★妳的心難以傳達給對方的日子

這是提不勁的日子。這一天妳的心無法傳達給對方。即使妳推誠置腹地表白，也無法令對方充份理解的狀態。甚至妳所贈送的禮物得不到對方的感激。可能他的心爲某事而懸念或想念妳以外的人。這一天對方情緒陷入低潮或對五花八門的事物感興趣，無法專注投入於一件事上。

但這個時候不談愛情或友誼倒能以平常心交往。

如果妳打算和所交往的人分手，不妨在這一天攤牌。對方會坦率地接納妳的心情。

與男友吵架的人，今天最適合重修舊好。而談戀愛的妳，今天是百無禁忌。即使露骨地指責對方也不會令對方惱怒。

當天的太陽數字偏離二人

★彼此失之交臂的日子

今天既無令人歡喜的事也沒有令人討厭的事發生，是可以輕鬆地度過的日子。今天的接觸不會爭吵。但彼此卻不會強烈地被對方吸引。

因而並不適合表白愛意或約會。可能話題令人掃興或彼此的關心南轅北轍。一對一的接觸會令人感到寂寞，因而不妨做團體約會或和大家共同行動來得輕鬆。不得已必須一對一碰面時，建議你欣賞音樂會或看電影。到以往未曾去過的場所也能改變心情。或者一起用功、談論彼此的興趣，對雙方都有幫助。準備較多的話題以便在這個不恰當的時機與對方相處。

利用骰子強化念力的實驗

「骰子實驗」所發現的事實

在美國迪克大學早已利用骰子做念力的研究。目的是想利用骰子證明一般人也具有念力。

首先，實驗者使用有一到六個數字的骰子，用手投擲的方法，然後再使用沒有任何標示的骰子。

而實驗的裝置是按一個鈕骰子即順著滑道而下，最後滑落在大小均等的A或B的區域，一次投擲六個骰子。實驗者集中意念，心裡強烈地反覆唸誦五次：「停在A！」結果出現6×5＝30的資料。

接著在內心反覆強烈地唸誦「停在B！」而這個結果是30＋30＝60。

內心唸誦：「停在A！」而停在A時，和唸誦：「停在B！」結果停在

ESP小知識

B時，當然正中目標。但沒有做任何表示而停在A或B的情況，命中率應該是二分之一。

但一再反覆這個實驗後，發現一般人也有五〇%以上的命中率。

接近十萬回實驗的結果，發現念力會對骰子原子的中間子產生強烈的作用。

訓練瞭解念力增強之日

以平常心投擲骰子，各數字的出現率是六分之一。因此，利用念力訓練達到六分之一以上的機率。

在腦中浮現一到六的某一個數字並強烈地祈禱而投擲骰子。一次投擲六回，進行百次試驗之後列出一張命中率的表格。

從前，日本的電視節目『謎語趣味講座』中曾經準備一面塗上紅色的骰子，藉由投擲方式調查其命中率。這個方式的主題當然也是調查超過六分之一的機率。

ESP 小知識

反覆上述的訓練後漸漸地會瞭解念力最強的日子或時間。換言之，可以自己掌握念力的狀況。

chapter — 3
幸運之神何時降臨？

雨傘的方位占卜

●利用雨水閃現靈感

〈準備物品〉

雨傘　水泥地板

〈占卜方法〉

在雨天將撐開的雨傘折起後做占卜。請將雨傘垂直立在地面。從雨傘落下的水滴會在地面形成水漬。看水漬的形狀做占卜。

診斷

以雨傘爲中心分析其東西南北的方位。

水漬擴散最大的是在那個方位？

水漬擴散最多之處，對你而言就是幸運的方位。

朝該方位散步或打電話給住在該方位的友人或前往訪問，必有好處。雨天的拜訪令人歡迎。

而水漬没有明確地擴散在那個方位顯得不清楚時，最好是靜待在家裡。

或表示四處活動無法隨心所欲的時候。

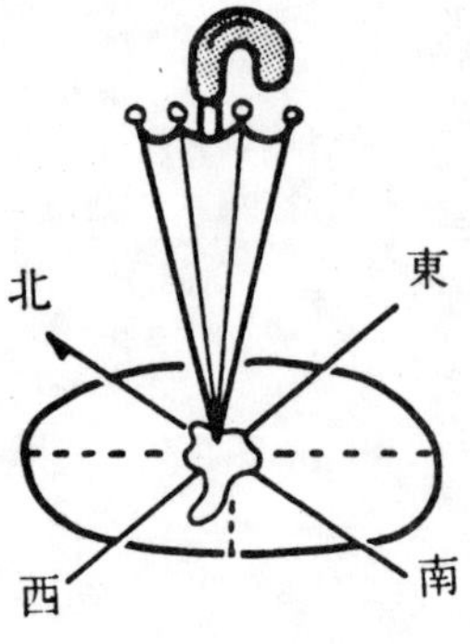

彈珠占卜

●考試順利嗎？

〈準備物品〉

彈珠五個（也可用紙揉成紙團）

大型正方形的白紙

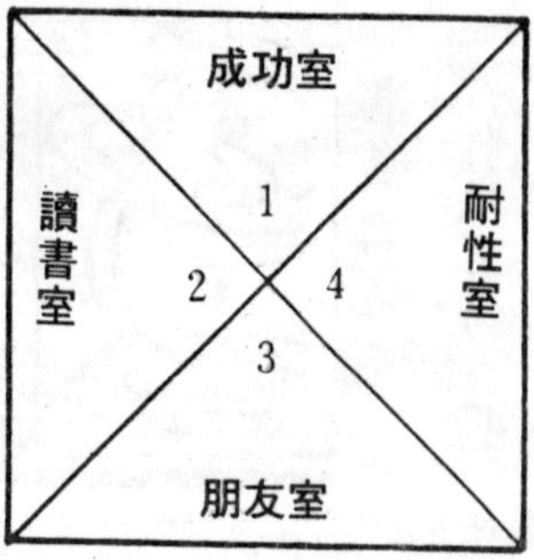

〈占卜方法〉

在白紙畫上如圖示的區分（室）。

把這張白紙放在桌上，閉上眼睛想著考試的事情。

接著拿起彈珠一個個朝白紙的中心從20公分高的地方丟下。

張開眼睛看見彈珠落於紙外時，再閉上眼睛丟一次。

診斷

A——五顆彈珠聚集在一個室內——過於偏頗——

狀況不佳。目前的你可能偏向於彈珠聚集之室的意義或缺乏該室所傳達的意義。

譬如，假設五顆彈珠全聚在2室的「讀書室」。表示用功過度或不夠用功。

五顆彈珠如果落在1室的「成功室」，則表示獲得高分是出於偶然或寄望過大，卻沒有眞正的實力。

B——四顆彈珠落在某室上——有優點也有弱點——

這表示心態、努力方式必須取得均衡的意思。一顆彈珠所落的室的意思是表示可以放心之事，四顆彈珠所落的室的含意則是必須小心。

假設1室落一顆、4室落四顆彈珠則表示考試「成功」，但分數雖高卻「耐性」不足。如果自鳴得意而不努力用功成績會急轉而下。

彈珠連一顆也沒有落在2室與3室，表示這兩2室所表示的意義稍嫌不足。

所以，從這個占卜應該警戒自己確實地用功讀書或碰到不明瞭的問題必須請教朋友。

C——三顆彈珠落在某室上——注意陷阱——

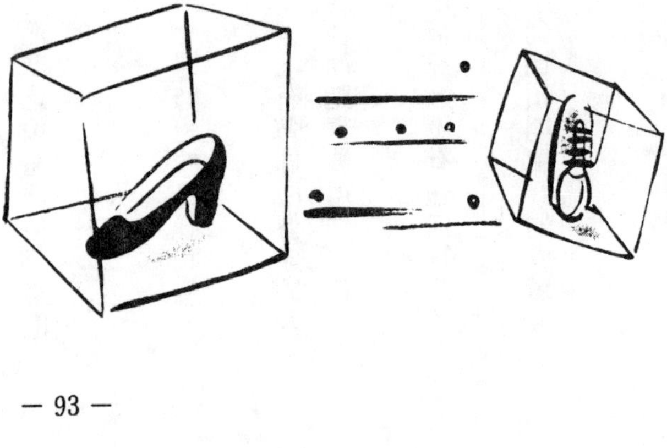

三顆彈珠落在1室上，是表示該室所傳達的意思相當充份，而缺乏沒有任何彈珠的室所傳達的意思。

首先我們來分析圖①的情況。

4室有三顆、1室和2室各有一顆彈珠。這表示體力及幹勁、運勢處於良好狀態，但交友關係不融洽而無法專心於準備考試。

如圖②1室有三顆而1室有兩顆的情況，則表示缺乏其它2室沒有彈珠所傳達的含義。以圖②而言，雖然交友關係良好有成功的可能性，但必須耐性而踏實地用功才行。

D——兩顆彈珠落在某室——最佳狀況——

兩顆彈珠落在1室而其餘3室各有一顆彈珠的狀態，是最佳情況。沒有任何缺乏的條件，尤其落有兩顆彈珠的室所傳達的意思非常好。

以圖③爲例，表示考前的準備萬無一失且衝勁十足，可以達到比預期更好的成績。

1室有兩顆彈珠因而考試運亨通。

參加考試一定及格。

但若如圖④的情況，2室有兩顆、1室有一顆彈珠，則有些擔心。

三、幸運之神何時降臨？

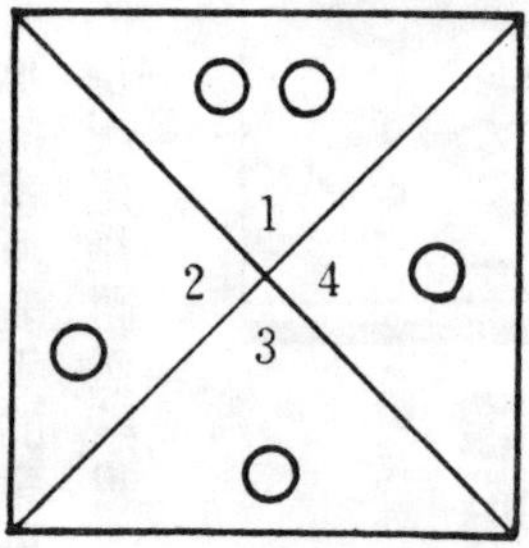

圖③

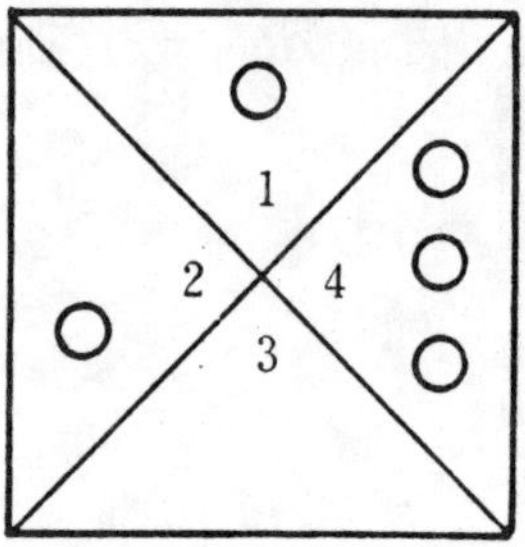

圖①

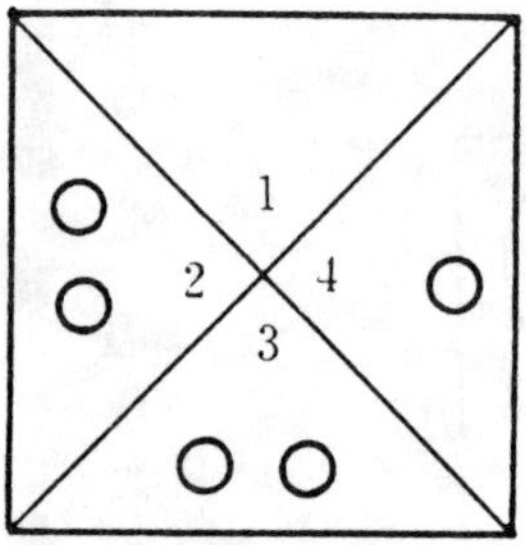

圖④

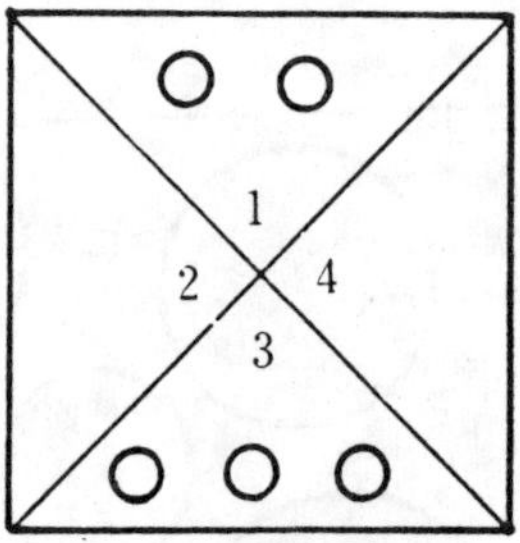

圖②

沒有彈珠的室所表示的意思會牽制整個狀態，而造成影響。

圖④的情況是指雖然讀書、交友方面都順暢又有向上心，但在緊要關頭卻缺乏成功運。

矇眼占卜

●獎券的機率？

〈準備物品〉

鉛筆一支

〈占卜方法〉

請看下圖。

圖畫有五個圓圈。請閉上眼在圓中畫×記號。

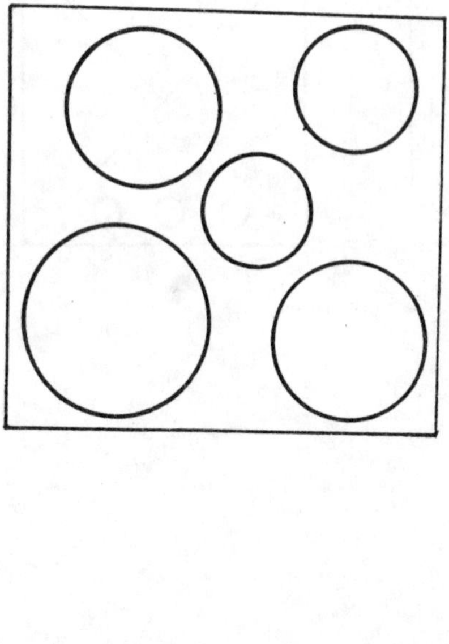

你能夠畫幾個×而沒有露出圓外呢？

診斷

你中獎券的機率如下。

五個都畫對了→一〇〇%

畫了四個→八〇%

畫了三個→六〇%

畫了兩個→四〇%

畫了一個→二〇%

一個也沒有→〇%

魯恩樹枝占卜

●掌握幸運的神聖文字

〈準備物品〉

到公園、草原或樹林憑靈感挑選十根小樹枝（長度不齊無妨）　大的白紙

〈占卜方法〉

將白紙攤開放在桌上，決定一件所要占卜的事後，集中精神把念力傳送到樹枝上。自認念力通達之後，把十根樹枝一起丟在白紙上。

請仔細看落在白紙上的小樹枝。在交互重疊的樹枝中是否有與以下類似的文字？

請憑靈感尋找而閱讀自認爲是魯恩（Runes）文字的解說。

所謂魯恩文字是指紀元前二〇〇〇年左右以北歐爲中心，由日耳曼人所使用的隱藏有神秘力量的神聖文字。

這個占卜是綜合魯恩文字和占卜術而成。它可以對有某種問題的人給予良好的建議。也可以不使用樹枝而將文字謄寫在卡片上做占卜。

診斷

ᚠ ——（飛鷗）

稱爲飛鷗的這個文字是表示公牛的記號。它意謂繁榮、滿足，你的心願有某種程度的成就且能順利地發展。

請不要在意細微小事，只管享受成果。一定會有令你信服的答案。

ᚢ ——（烏魯）

稱爲烏魯的文字，代表和公牛的記號（F）非常類似的意思。

目前的你，不論在健康或實力方面都處於良好狀況，而且充滿著開拓新分野的衝勁。

如果打算著手從事新的事物，目前正是時機，這個時期是你最好的狀況。

ㄣ——（肯恩）

肯恩是表示火炬的記號。

目前的你，正走向讓自己朝向新的領域改變的時期。因而可能感到痛苦，但請不要否認自己原有的天份。如此才能使新的自己更為成長、開拓更大的道路。

×——（鳩夫）

稱為鳩夫的魯恩文字是禮物的記號，它意味人際關係上的愛或分擔。

在感情方面愛情的告白得以成功，或能接近意中人、被異性追求等等有許多令人愉快的事。

友誼方面也一路順風，如果有爭吵而彼此感到尷尬的人，不妨提起愛與勇氣與之面對。糾紛必可獲得解決。

ᚺ——（哈賈爾）

哈賈爾是表示風生雲起的魯恩文字。出現這文字必須注意。目前你所採取的行動或企劃的事情可能會失敗，或因某種變化而終止。

這個時期應處事慎重，努力維持現狀。儘量避免著手新的事物。

ᚾ——（尼憂）

尼憂是表示木棒的魯恩文字。這個文字所傳達的意思是困難、必須壓抑。

在感情方面可能會出現情敵。

由於目前能力不足，當碰到各種障礙時要控制自己的情緒靜候機會的來臨。

ᛈ——（沛歐特）

沛歐特是表示秘密的記號。這暗示默默的努力將能成功或有意想不到的幸運機會。

天運亨通，所有的神明會給你祝福。請不畏失敗勇往直前。越努力越能獲得回報。

ᛋ——（西格納魯）

西格納魯是表示太陽的魯恩文字。目前的你充滿著創造力與精力，具備著能突破任何難關的能力。

相信自己的運勢與能力必能成功。

ᛗ——（曼恩）

曼恩是表示人的魯恩文字。

這是自我極強的訊息，表示應做自我反省或謙虛。

您是否有擅自行動或任性的想法？請好好地反省自己的所作所爲。

心理有數的人，必須改正自己的態度。如此才會出現良好的協助者。

ᛝ——（英格）

出現英格的魯恩文字時，是表示你將成爲英雄。

具備體力、能力、創造力，能充份地發揮天生的優點而獲得衆人的支持。

重心偏向你所擅長的專長，可能獲得令你意外者的認同或讚美。

ᛇ——（伊啊）

稱爲伊啊的這個文字，代表弓的記號。

它表示你的努力能獲得相當的回報。

不論在戀愛、讀書、工作或其他各個方面盡己所能去做吧！必會有好的結果。但半途而廢的行動於事無補。

＊——（阿羅）

稱爲阿羅的魯恩文字，表示適應新的狀態。適合轉移到新的環境，如轉學、轉職或新學期開始等。可以著手新的事物。一定會有許多美好的經驗。

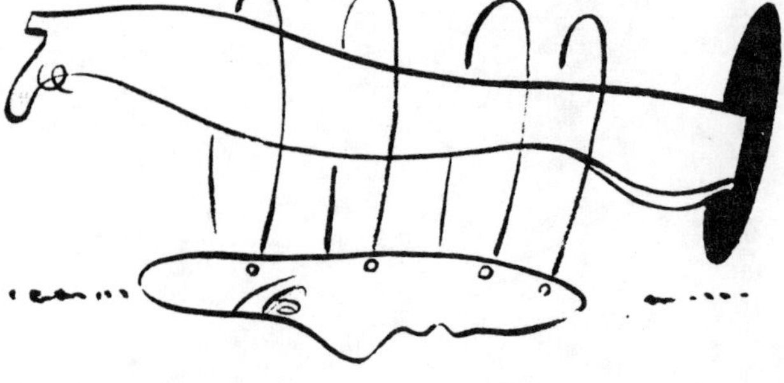

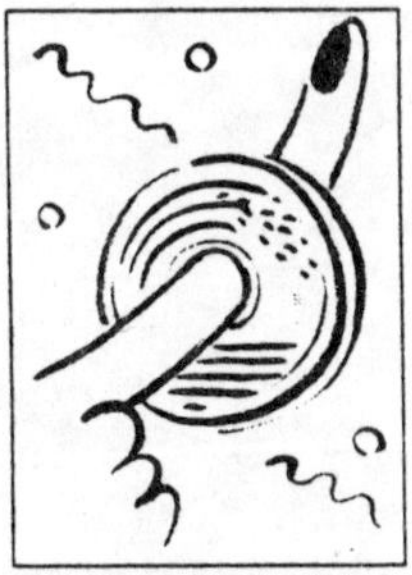

●預知能力和念力的神秘

穿孔錢幣占卜

〈準備物品〉

穿孔錢幣　你的一根頭髮

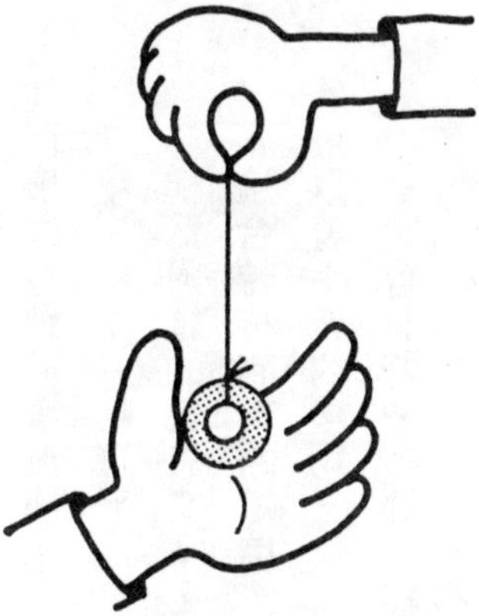

〈占卜方法〉

用你的頭髮穿過錢幣，垂放在左手手掌。

不久之後穿孔錢幣會動起來。

仔細觀察其動向。

這是吉普賽占卜的一種，原本是用繩子垂懸水晶做占卜。

在預知能力和念力同時作用下從中獲知心願是否得償的神秘占卜術。

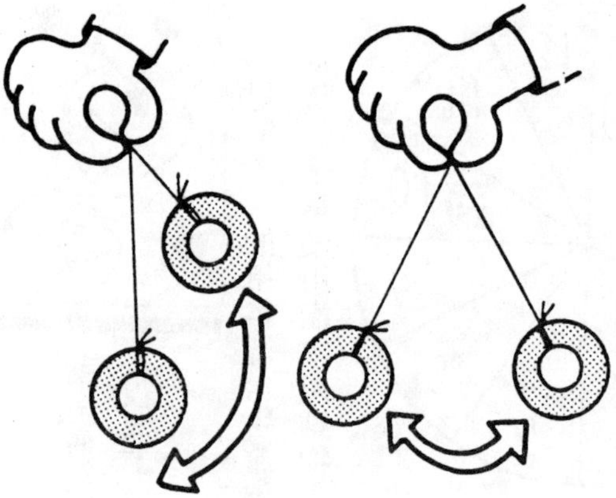

診斷

A 依順時針方向旋轉起來——近期內你的心願將能達成。即使缺乏信心也會心想事成。

B 依反時針的方向旋轉起來——心願一定得償。不過，這還是遙遠的事，目前恐怕會遭受旁人的反對或碰到障礙。

C 往左右搖動——你的心願達成的過程有一段相當長的經歷，最好能覺悟其間所發生的障礙或糾紛。

D 上下搖動——如果積極行動，心願必能達成。帶著自信往前進！

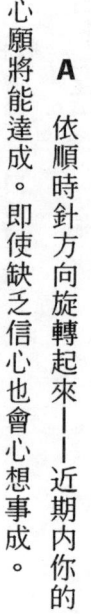

●「偶然」所告知的運勢

骰子運勢占卜

「甩骰子」的風俗源自古希臘時代，它是人們占卜偶然運勢的方法。當時似乎是使用樹木或動物骨骸爲材料製成的骰子。

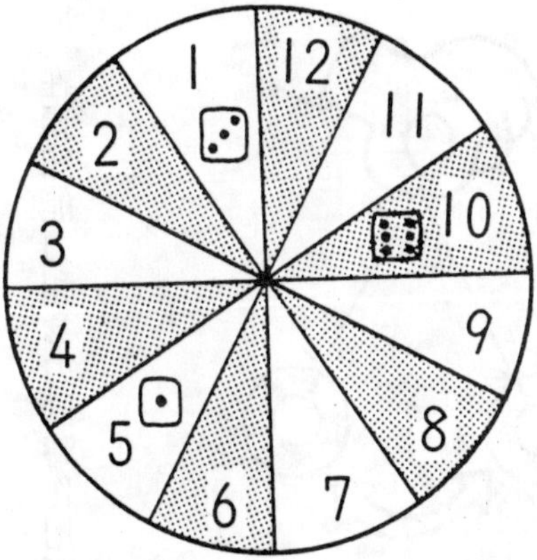

〈準備物品〉

三個骰子　白色厚紙板

〈占卜方法〉

請準備三個骰子和白色的厚紙板。

首先用奇異筆在白紙板上畫一個直徑約四十公分的圓，在圓上區分爲十二等分。然後在這十二個區分上寫上1到12的數字。

平穩情緒在腦中思考想要占卜的事或願望，然後在圓上甩出三個骰子。

根據這時所出現的「目」及骰子所落的位置做占卜。

診斷

三個骰子中如果有一個跑出圓外，必須再重新做一次。

如果第二次又跑出範圍之外，乃表示「當天不可能占卜」。

骰子滾落到桌下時，是暗示你的心願或所思考的事會引起爭吵、爭論、糾紛。

你所甩出的三個骰子是否正好在圓內呢？計算骰子所甩出的數字做判斷。

3——令人欣喜的消息。吉。獲得出乎意外的好結果。

4——不祥的消息。煩惱多、失望也多。

5——貴人相助。獲得令你意外者的來信或令人喜悅的消息。

6——因你的心願而失去錢財或物品。

7——成為外遇或醜聞的肇因。凶。

8——你的心願可能中途倒戈。鬆懈必會造成嚴重的失敗。

9——大吉。遠大的夢想就要實現。即使辛苦也能得到回報。

10——家內一切順暢。獲得家人之助。上升運。

11——與心願相關的人碰到障礙或生病。也許將要成功的事情會橫生枝節。

12——好消息。電話、書信會帶來幸運。

13——悲傷的結局。不要焦急慢慢來。

14——出現朋友或協助者。

15——貪得無厭會有重大失敗。提起精神貫徹一致會有正面影響。

16——旅行或改變場所具有效果。

17——遠方來了消息。年長的協助或忠告帶來好影響。

18——大幸運。大歡喜。

接著根據十二個區分做占卜。

請看寫上十二個數字的格上骰子。各格有其占卜目的。

①格——明年發生的事。

②格——財運。

③格——旅行運。

④格——家族運。

⑤格——休閒、戀愛運。

⑥格——健康運。

⑦格——婚姻運。

⑧格——秘密、不可告人之事。

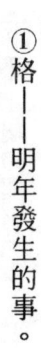

⑨格——現在的心理狀態。

⑩格——工作、成功運。

⑪格——友人運。

⑫格——競敵運。

請看落在這些格內的骰子數。骰子數代表以下的意思。

[1]——成功、好運。

[2]——感到迷惘、混亂、等候時機。

[3]——耐力與努力。

[4]——全是凶相。

[5]——吉。

[6]——不久有好結果。問題解決。

譬如，②格內的骰子是⚀表示「財運」，將擁有大財富的可能。

⑦格內若是⚂則暗示煩惱多，對於「婚姻」最好等候時機。

●占卜目前的財運

鉛筆占卜

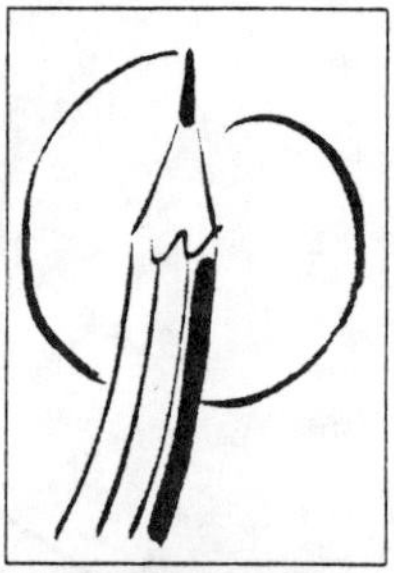

〈準備物品〉

一枝鉛筆　紙

〈占卜方法〉

拿著鉛筆置於次頁圖盤上十公分處，閉上眼睛將圖盤繞轉五次左右。

鉛筆所指示的數字乃是占卜你目前財運的關鍵。

診斷

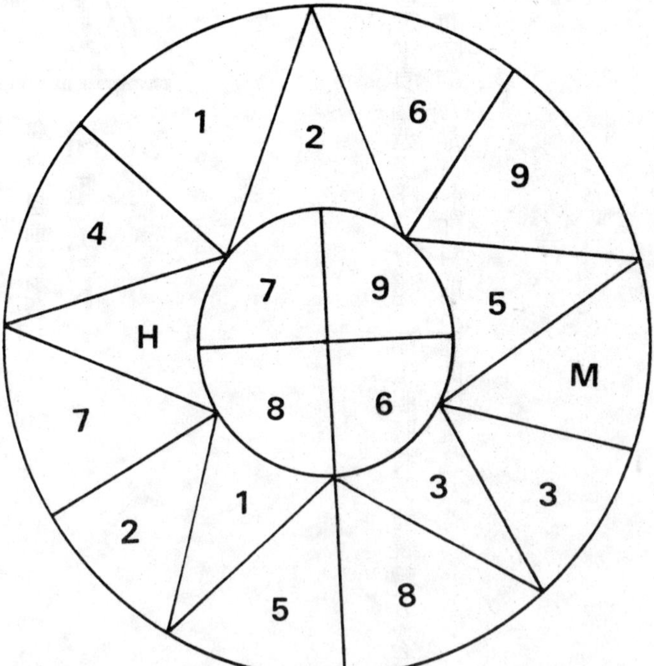
1
2
6
9
4
7
9
5
H
M
7
8
6
3
3
1
2
5
8

1 覬覦的錢財突然入帳，儲蓄增加為三倍。
幸運數字是「7」。

2 浪費錢財在無聊的事上或不知不覺中少了積蓄。
也有強烈的中獎券運。

3 丟掉或喪失物品時。尤其要特別注意上午的時間
把想要的東西延後吧。

4 財運節節上升。
在錢包裡放個護符。

未來比現在更值得期待。也許二、三個月後能獲得想要的東西。

5 幫助他人能開拓財運。
雖然父母給的零用錢會減少，卻會得到旁人的禮物。

6 按部步就班地努力必會達成求財的心願。
認眞地努力效果更大。

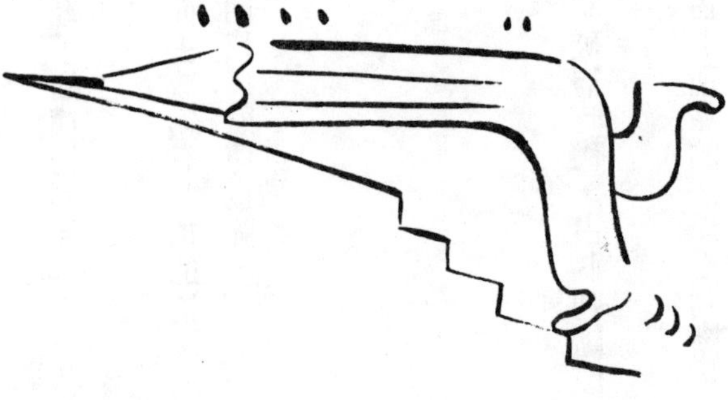

7 也許會接獲朋友（尤其是異性）令人驚訝的昂貴禮物。

8 有越來越多服飾、飾品等裝飾身體的衣物。新衣服或鞋子的禮物等。

9 遺失或喪失平時珍藏的物品。但書籍、唱片可能會增加。

H 失望。希望落空而感到沮喪。重要的物品被他人劫奪而去或常有贈禮的情況。

M 年長者可能意外地給令你驚喜的禮物。你的努力獲得回報，財運也強。

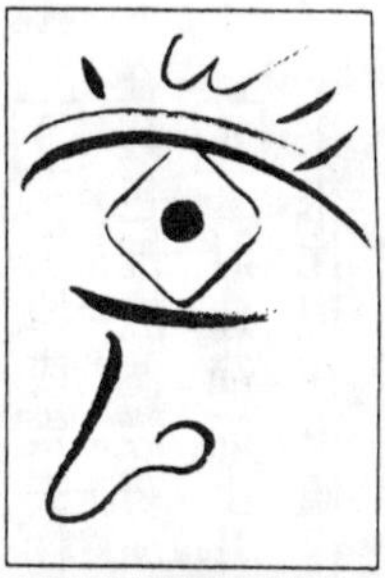

骰子戀愛占卜

●鐵口直斷戀愛動向

骰子占卜是中國自古以來所做的決斷占卜之一。

西洋以骰子做決斷也有長久的歷史，在占卜術大行其道的拿破崙時代，占卜判斷似乎相當普遍。

法國以年輕人爲對象的月刊雜誌『瑪麗・克蕾兒』中骰子占卜所做的「戀愛判斷」口碑甚佳。

在此為讀者各位介紹綜合中國式與法國式的「戀愛、婚姻決斷的骰子占卜」。

〈準備物品〉

骰子兩個

〈占卜方法〉

準備兩個尺寸相同的骰子。腦中思考著在戀愛、婚姻方面你所煩惱的事情，並甩出這兩個骰子。

計算骰子所出現的數目，再檢查這個數目相當於以下那個記號。

*兩個數目合計是「12」——A

*「10」「11」——B

*「8」「9」——C

*「5」「6」「7」——D

*「2」「3」「4」——E

持續三次依同樣的方式甩出骰子，把骰子的記號記錄下來。

假設第一回的合計是「5」、第二回是「8」、第三回是「12」則記號是「D、C、A」。

請從以下的判斷找出這個記號的類型。該「類型」所寫的內容是對你的建議。

如果沒有適合的「類型」，則暗示你所期待的戀愛或婚姻最好有一段冷卻時間。一個月後再甩骰子做一次判斷。

診斷

AAA—約會的最佳時機。你的意中人也注意著你。積極地展開追求。

AAB—你的心願會慢慢地實現。儘早提出約會的要求。

AAC—碰到不快的事也不要放棄。行動略爲強硬，不要只在意對方的感受。

AAD—肉體的慾望強卻可能因此遭受對方拒絕。請保持冷靜。

AAE—人緣最差的時候。你的心情無法適切地傳達給對方。最好放棄吧！

ABA—獲得對方的好消息。在此之前請保持沉默。

ACA—彼此愛戀對方的關係。聽天由命必能掌握幸福。

ADA—可能被他人吸引。偷情是危險的！也許會被捲入醜聞中。

AEA—表現誠意的時候。即使被冷落也要以奉獻的態度對待。

ABB—所有的事都比預定緩慢。約會也來遲一步。

ACC—雖然機會來卻因失察而錯失良機。今天最好！

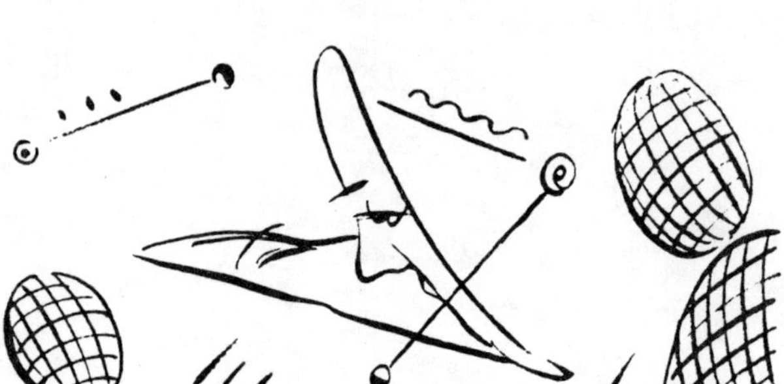

ADD—似乎有許多令你浮躁不安、悲傷的事。

AEE—落得單相思的結果。你的熱情反而會帶來負面效果。

ABC—無法交集的戀情。不能順遂己意的徵兆。

ABD—爲對方浪費錢財。

ABE—容易受騙上當的時候。請注意甜言蜜語。

ACB—有肉體上的刺激。但可能事後感到後悔。

ACD—碰見另一個優秀的人。不要遲疑對方的邀約。

ACE—顯得不搭調。以爲一切順利卻突然出現情敵。

ADB—浪費的交際。勉強反而會造成移情別戀的結果。

ADC—招架不住對方的技巧。請注意。

AEB—出現情敵，也有周遭者的反對。

AEC—鬆懈即會失敗。

AED—再交往下去會有危險。考慮分手的方式。

ADE—對方和其他異性發生肉體關係。

BBB—陷入情網，失去工作的幹勁。刺激多的時候。
BBA—以爲已無希望，事後卻有助益。
BBC—分手似乎對你有益。
BBD—一切都出乎意料之外。開車危險。
BBE—沒有結果的戀情。放棄吧。
BAB—行動愼重必能順利。
BCB—可以長久等待嗎？也許等候三年可心想事成。
BDB—發展爲肉體關係。
BEB—被拒絕時必須立即斷念。這對事後有益。
BAA—似乎有許多情敵。被某人看上而造成醜聞的徵兆。
BCC—出乎意料地有邂逅的機會。
BDD—對方似乎有秘密或不正當的行爲。
BEE—應該等候一年。
BAC—你最好不要過於熱衷。

BAD—顯得單調。陷入因循老套中。覺得不順暢。

BAE—慾念造成的強迫性行爲會帶來負面影響。

BCA—你必須向對方追求。

BCD—似乎有許多悲傷的事、期待落空的事。

BCE—出人意外的對象。

BDA—似乎會爭風吃醋。

BDC—慢慢地獲得理解。

BDE—請坦率地表現欣喜、愉快的情緒。笑容會帶來最大的幸運。

CCC—等候二月、八月的機會。

CCA—有人走上紅毯的那一端。等候對方的求婚。

CCB—盲目的愛情。對方也展現熱情。

CCD—等候被誘惑的狀態。

CCE—變成激烈而刺激的戀情。

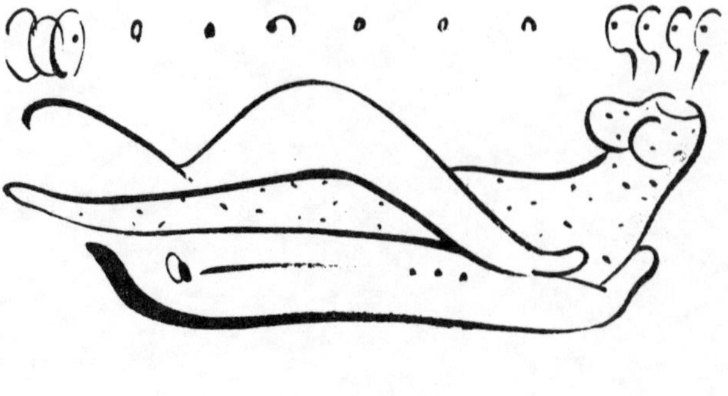

CDD—不放棄則會碰到心酸的事。
CAE—對方雖然熱衷，但你的心意已改。
DDD—今天的約會越快越有效果。
DAA—對方落入你的掌握中。
EEE—運勢差的時候。一切都不能成功。
EEA—弄錯約定或有言詞上的誤解。請注意失之交臂的憾事。
EEC—過分熱衷蒙受損失。
ECB—對方帶有自暴自棄的傾向而陷入混亂。生活散漫的徵兆。
ECC—即使結合也無法幸福吧。

咖啡占卜

●戀愛的滋味是苦或甘

以「咖啡」「紅茶」做爲占卜的線索爲時已久，這種方式稱爲「咖啡診斷術」或「

茶漬導讀術」。

在此根據喝完咖啡後殘留在杯內的咖啡模樣，占卜你的愛情。早晨喝一杯咖啡或午茶時間後，請注意一下妳的杯中情況。

〈準備物品〉

咖啡或紅茶

〈占卜方法〉

占卜妳戀愛、心願是否如願以償時請先喝一杯咖啡。

當喝了咖啡直到杯內所剩無幾時，心中想著所祈願的事，再把咖啡杯罩在碟子上。

靜靜地數數到30，再把咖啡杯回復原位。最好使用內側是白色的咖啡杯。

診斷1

請看杯內的情況。咖啡的殘汁一定會描繪各種不同的模樣。它看起來像什麼呢？

三、幸運之神何時降臨？

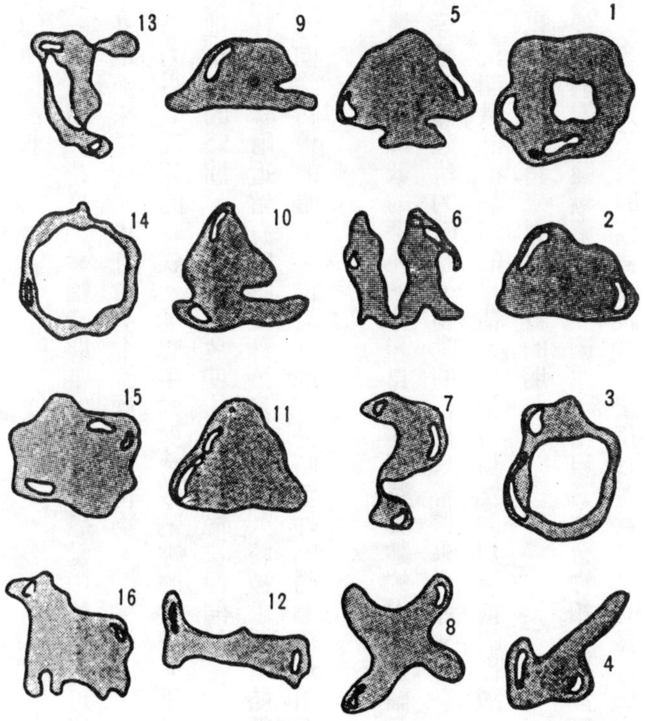

根據咖啡殘汁的模樣占卜

1 花—戀愛一帆風順。花是「幸福時間」的前兆。戀愛中的二人可能會結成連理。暗戀的對象會意外地前來邀約。也許會有令妳欣喜的禮物。

2 山—妳的努力得到回報的時候。理想中的他會接納妳的愛情。不要直接暴露妳的感情，應重視與他相處的時間。妳的笑容會使約會變得愉快而開朗。

3 戒指—茶杯的邊緣附近留有咖啡殘汁，是表示不久將被求婚或結婚。若位於中間則是令妳意外的人向妳約會的暗示。位於杯底，是暗示妳的婚姻出現阻礙者，使得婚期延誤。

4 箭號—愛情運大幅降低的徵兆。妳和自己並不感興趣的人成爲謠言的對象，或被提出分手的要求等等波瀾起伏的時候。衝動的行爲只會帶來歹運。

5 樹—妳似乎渴望激烈而熱情的愛情。渴望被男友強烈擁抱的性願望非常強烈。請不要陷入太深。也許會出現將來對妳有益的朋友。

6 人—陷入停滯的戀愛運漸漸上升。因爲，出現一位令妳和男友都感到信賴的理解者。不過，也有許多令人不快的謠言或誤解，請務必注意自己的言行舉止。

7　問號—糾紛特多的運勢。與男友的交往之間感到不安或因人際關係煩惱，人生中的煩惱特多時期。如果鑽牛角尖會弄壞了身體。這時判斷力也變得遲鈍。行動必須慎重。

8　交差記號—表示失戀、失望、失敗。因無聊的小事爭吵而分手或有金錢上的糾紛。把所有一切處理清算之後以嶄新的心情再出發。

9　帽子—出現新情人的幸運時候。經常失戀或沒有情人者是最好的機會。改變髮型或服飾打扮，以新鮮的心情重新出發吧！

10　船—和男友之間的愛情產生不安的時候。以爲男友可能被他人劫奪的疑心暗鬼只會令對方感到困擾。對自己帶點自信吧！

11　三角形—妳和男友之間的愛情一帆風順。也許因

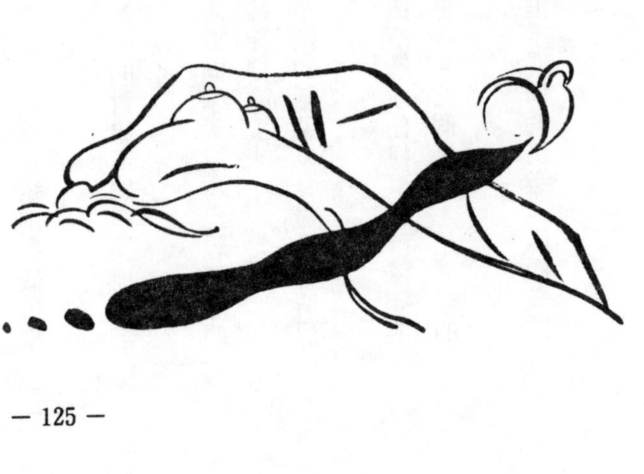

長輩或前輩們的建議而走上紅毯的一端。尚無情人的妳，請求旁人代為介紹則有機會來臨。

12 床鋪—熱切地渴望身邊有男友的時候。如果有暗中傾心的對象不妨積極地追求。同時，這也是性或同居願望非常強的時候。

13 臉—和令妳意外的人邂逅的機會。也可能和青梅竹馬或同學等原本已經遺忘的人產生戀情。不過，莫須有的謠言此起彼落。千萬不要因此被弄糊塗了。

14 項鍊—戀愛運處於最佳狀況。戀愛中的妳可能會有結婚的話題。身邊沒有情侶的人會因強力協助者的出現而認識優秀的人。積極地挑戰吧！

15 星—星的尾端（尖銳的部份）有六個，是表示戀愛運亨通。任何事都可積極地去做。八個星角，表示和目前的男友發生齟齬。斷然地分手是吉。五個星角，是一半的幸運。

16 馬—妳是否嚮往不受拘束、自由自在的愛情？似乎追求愛情的刺激，但衝激性的愛情是令妳受傷的源頭。請充份注意。

診斷2

根據咖啡殘汁的流向做占卜。

1　咖啡流向把手的方向時——

暗示自己本身。

凡事都能如妳所願的機會。

不論是戀愛中或患單相思的人，請不要猶豫，積極地行動。目前的妳顯得生氣蓬勃，具有十足的魅力。對自己帶著信心吧。

一定可以獲得預想不到的結果。也許對方正等待妳的追求。

2　流向把手的相反方向時——

暗示「對方的掌握」或「情敵的存在」。

約會時即使他表現任性的態度，以目前的狀況而言，似乎還是任其發揮吧！

似乎也有人預想到自己的愛情，未來可能出現障礙。

3

1

4

2

譬如，妳非常喜歡的意中人早已有其他心愛的女性或使君有婦。

這時如果依自己的感情用事，必會捲入糾紛中。放棄也許較好。

雖然感到難過，但應記得這乃是充實妳自己本身的時候，讓時間改變一切吧！

３　幾乎流向中央的位置——

暗示現在的進行狀況。

妳的戀情陷入低潮中。平常不引以爲意的一句話會令妳感到浮躁或動怒——。這是感情與身體未取得平衡的證據。

這時如果貿然地將靈機一動的意圖付諸實行會有危險。必須考慮之後再做決斷。

盡可能讓他掌握主導權而妳尾隨在後。如此一來，心願才能慢慢地達成。

４　凝聚在杯底時——

暗示過去。

妳的過去成爲同事間的閒話，被暗中指指點點或因從前的情人造成與對方之間不快的氣氛——。

這是不太好的暗示。

即使感到焦急也無法使你的心願或夢想得償。避免引人注目的化粧或服裝，表現平靜的態度才是良策。

身邊若有開朗的朋友，心情也會變得快活。最重要的是不要因此而悶悶不樂。

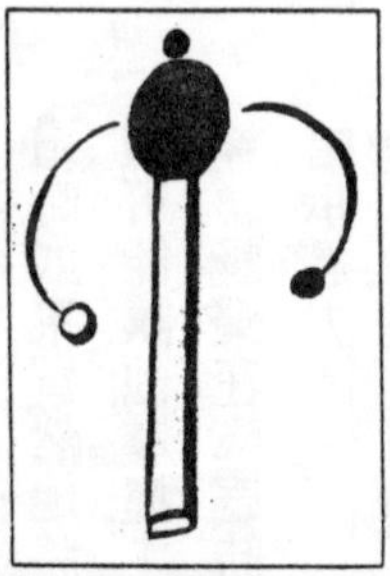

火柴棒占卜

●看出戀愛的動向

這個占卜又稱爲「超自然占卜」。

它是屬於可稱爲歐洲易占卜的「土占、地卜」的一種，當時是使用豆子或寶石做爲占卜的器材。

在此是利用火柴棒。根據火柴棒的排列方式，占卜你的愛情走向。

〈準備物品〉

火柴棒

〈占卜方法〉

請準備25根火柴棒。除了火柴棒之外也可使用小石頭、棋子、彈珠等垂手可得的物品。

將8根火柴棒放在別處，左手拿著剩餘的17根火柴棒。

閉上眼睛在腦海中想著男友的事情，並用右手隨意掏出火柴棒。

張開眼睛，數數看右手所拿的火柴棒有幾根。

火柴棒若是偶數，則從放在別處的8根火柴棒中拿出2根，擺在桌上呈縱向排列。

如果是奇數只擺1根。

再一次用左手握住17根火柴棒，閉上眼睛，用右手抓。同樣地，和第一次一樣，火柴棒數若是偶數則從放在別處的火柴棒中拿出2根，若是奇數則拿出1根排列在第一次所並排的火柴棒之下。如此反覆四回。

妳的火柴棒並排方式如何呢？根據並排的方式來占卜你的愛情。

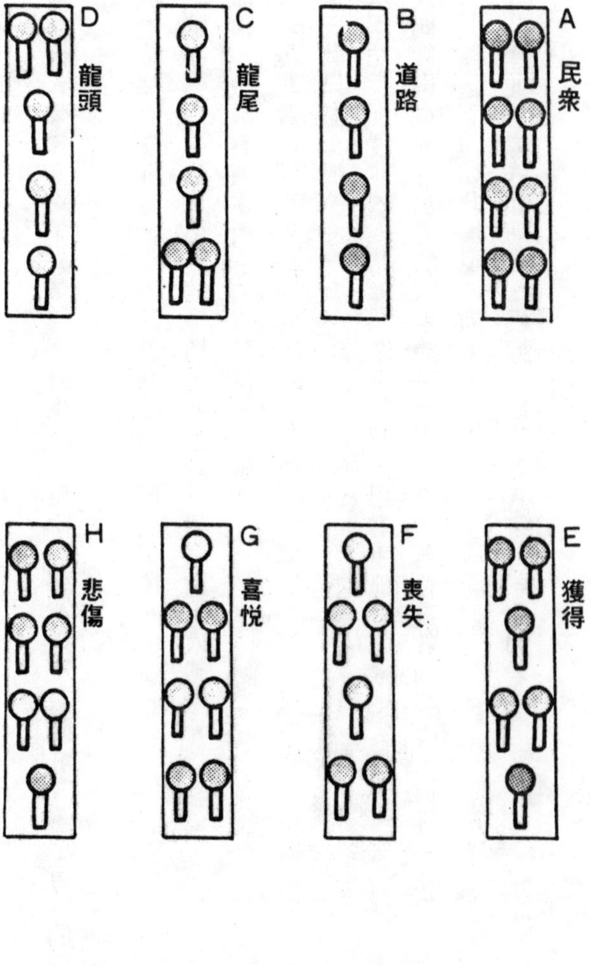
A
民衆
B
道路
C
龍尾
D
龍頭
E
獲得
F
喪失
G
喜悦
H
悲傷

三、幸運之神何時降臨？

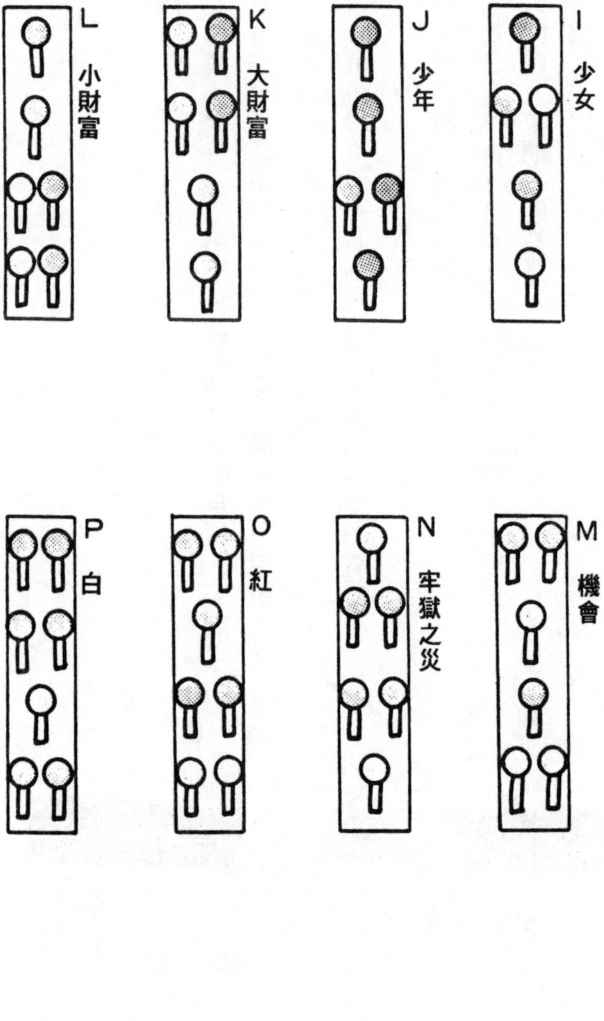

診斷

A　民衆

他的心搖擺不定時。千萬不可注意他以外的男性。若爲無聊小事悶悶不樂，乃於事無補。前輩或身邊值得信賴的人應可以協助妳。不妨找他們商量。

如果發現好的徵兆，則積極地進行。鑽牛角尖只會錯失良機。

目前所下的決斷，對妳而言也許會帶來幸運。

身邊沒有情侶的妳，在街上或宴會等熱鬧的場所有機會碰見新的伙伴。星期一或滿月之日是幸運日。

B　馬路

戀愛順利地發展。這是與他的交往順利發展的機會。

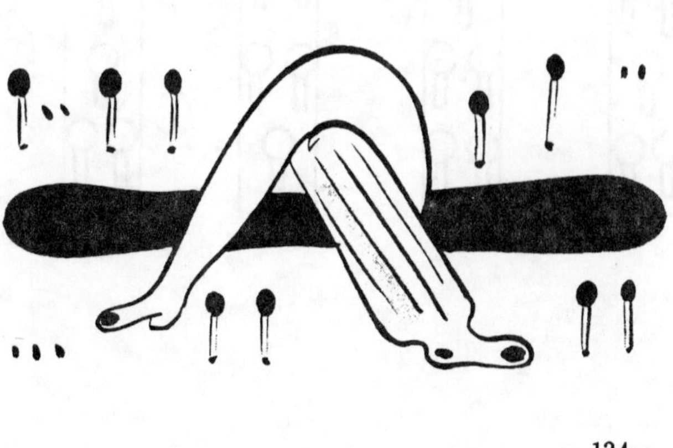

二人一同出遊或被對方求婚等，愛情必有某種形式的結果。

不過，決斷，必須信任上午所做的決定。

平日的生活可以獲得物質上、金錢上的滿足，但卻難以獲得精神上的滿足、心靈的平和。

有目地的旅行或訪問、散步等，可以令妳度過充實的精神生活。

重視點滴的喜悅。小河等有水的方向是幸運的方位。

C　龍尾

心願達成，相當幸運的時候。大機會接連不斷。

尚無情侶的妳，有機會碰見意中人。請儘量積極地外出，必能獲得新的交友關係。

這個時期的妳，所下的判斷非常明確。

不要只顧慮旁人，應運用這個絕妙機會。

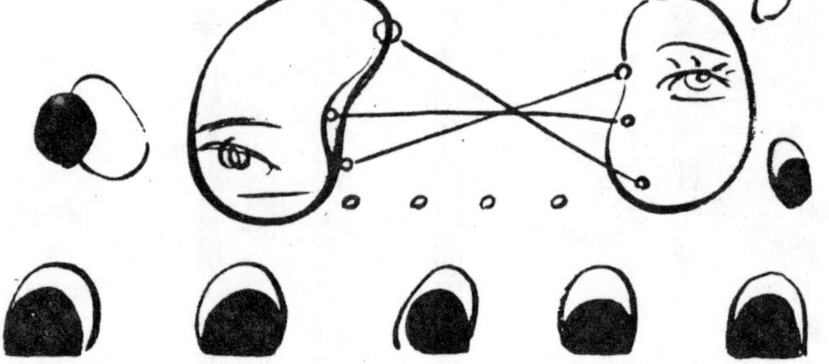

而不論身邊有無情人必須對以往的交際往來做一番整理。財運也節節上升。星期六是幸運的日子。

D　**龍頭**

他的變心令人擔憂。好不容易獲得的戀情恐怕會消失無蹤。是否能掌握愛情，全憑妳的心態所處。

不過，再怎麼努力似乎也無法隨心所欲。轉換方向也是方法之一。若渴望有更好的交際往來，應客觀地看待對方。結婚也急不得。

目前彷彿龍頭高舉，應使自己變得堅強的時候。再怎麼辛苦也要信任自己而勇往直前。

住家或公園附近有機會。星期四是幸運的日子。

E　**獲得**

妳的心願似乎能達成。單身者有令人喜悅的機會。發展爲戀愛的可能性相當大。重視每一次的遇合。

但由妳主動追求的戀情無法得到結果。等候對方主動的接觸對妳的將來較爲有益。

援助、援軍多，值得期待。等候幸運機會的努力非常重要。與異性朋友已有長期交往的妳，也許會有結婚的具體行爲。具有挽回喪失者的運勢，因而可能與舊情人重逢。獎券運也是這個時候。東門、東口等與東相關的事物會帶來幸運。星期二是幸運的日子。

F　喪失

愛情瀕臨破裂。這是意外事件接踵而至的亂象的暗示。所期待的事情也出乎預料，以失敗收場，或不得已終止原有的計劃。興奮或浮躁，常有睡不著的時候。萌生愛苗的人可能在往前進一步的發展中產生糾紛，或交往的對象提出分手的要求。因敵擋不住孤獨、寂寞而勉強行事，或做出違背常情的行止是危險的。目前是發揮耐力的時候。

反省以往的自己，必須客觀地分析曾經有過的交際關係或分手的下場。雨天、雪天、星期五是幸運的日子。

G　喜悅

深獲大家好感的時候。妳的決斷也非常果斷明確，因而對於困難的事情不必感到迷惘，鼓足信心勇往直前。

單身貴族的妳，不妨主動約會意中人——。應該充份地活用妳深具的魅力。

缺乏信心的人如果和交際廣闊的女友一起活動，也許會碰見妳所喜愛的對象。

戀愛中的妳，是愛情更進一步發展並能獲得周遭者理解的時候。

因感情的三角問題煩惱的人，已露出光明的曙光。事情已慢慢朝解決的方向進展。

凡事都表現積極的態度。尤其是北方可能有令人喜悅的事。星期四是幸運的日子。

H　悲傷

暗示事態急轉、悲傷的結局。

糾紛較多的時候。原因是急功冒進。

以腳踏實地的態度穩住陣腳並擁有貫徹愛情的堅強意志，才能拯救你心靈的痛苦。妳必須表現明確的態度。

但對目前的妳而言，做冷靜的判斷也許強人所難。決定任何事時不妨先對面對鏡前端詳自己的臉孔。

妳的戀愛在經過一番波折後會漸漸好轉。請超越曾經有過的悲傷爲愛加油。

單身的人尚没有談戀愛的機會。星期六是幸運的日子。

—少女

戀愛的進行磨磨蹭蹭。身邊有男友的妳，請不要撒下爭執的種子。微不足道的爭吵可能會使愛情冷卻而造成分手的原因。處事不要陷入感情用事，應彼此充份地溝通。

以平靜、冷靜的態度解決問題。

或以少女般純眞的心情天眞地向他撒嬌。

某處的女孩會帶來幸運。單身的妳儘量到外界接觸。公園或有花的場所似乎有令人喜悅的邂逅。不要矯柔做作，應以純眞的妳做爲訴求點。

不過，請注意不要被初逢乍識的男性所說的甜言蜜語所誘惑。

星期五是幸運的日子。

Ｊ　少年

機會來臨。也許會有令人驚訝的愛情故事或好消息來臨。令人意想不到的事一再地發生，卻令妳感到困惑。

泰山崩於前也不爲所動的心態非常重要。

運用這種幸運的機運，將想要著手或學習、參與的任何事付諸實行。發揮靈敏迅速的行動力吧。也不要忘了保持稚子般的純潔與好奇的心。

一直等候不到愛神垂憐而悶悶不樂的妳，試著主動向暗中欣賞的對象提出約會的邀請。若有相親的機會請務必接納。

戀愛中的妳，也是這個時候初嘗禁果。

參與競技活動或郊遊會有戀愛的機會。西南方、星期一是幸運的日子。

K　大財富

沒有任何擔憂的事。

妳的身邊有勝利的女神呵護著。帶著熱情，憑感覺行事。

原本缺乏生活樂趣的妳，極有可能做一百八十度的轉變。

積極地追求所愛的人。從前不好意思送給對方親手編織的毛衣，目前是做爲贈禮的時候。

也不要害怕寫信給他。

如果對方邀約外出旅行，應欣然地一同前往。在旅遊地不必講求應對的技巧，宜以平常心對待。

妳們二人的愛情會一路發展，這次的旅行極有可能變成二人未來的轉機。

工作方面也有福星高照。擁有積極地發表妳的企劃的機會。可以踏出職業女性的第一步。

寺廟或飯店是帶給妳幸運的場所。初一和星期日是特別幸運的日子。

L　小財富

冷靜下來仔細思考過去及未來的時期。

妳和男友目前正處於是否分手或交往下去的分歧點上。由於情敵的出現，即使妳猛追不捨也只落得讓他四處迴避的窘境。危險的狀態持續著。

妳應該反省自己是否過於依賴對方了。

每次約會不都是由他負擔嗎？妳的任性也常令他感到困惑吧！即使微不足道的小事，對二人的感情發展而言是非常重要的。

如果錯失這個機會必無法和他擁有幸福。妳應該以坦率地心向其表示道歉。

星期四的午後到傍晚是你的幸運時間。也許這是最後

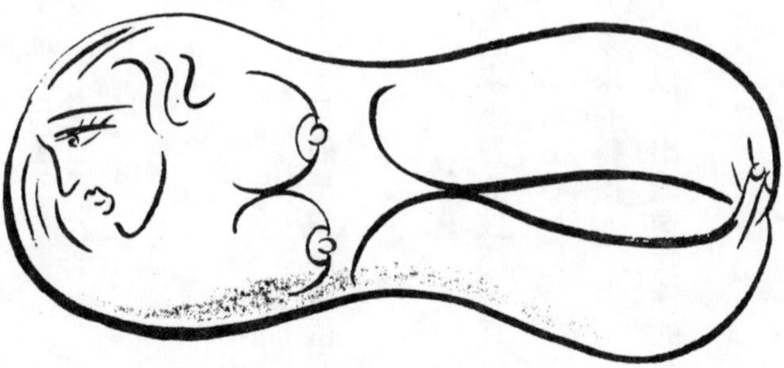

的機會。

M　機會

妳的操勞似乎無法獲得回報。爲朋友或家人的糾紛四處奔波，而使自己的戀愛運消逝無蹤。

妳所結交的若是比妳年幼的情人，經常在妳付出許多之後，落得傷心流淚的下場。

戀愛中的妳會因另一個女性的出現而有三角關係的困擾。妳應該重視彼此的相互溝通。

相親是吉。不要錯失良機。對方若是運動選手型或喜愛兜風的人，最爲搭配。

妳的笑容與開朗的個性會加速戀情的發展，即早走到紅毯的一端。星期三、到遠處的兜風可製造愛情的機會。

N　牢獄之災

障礙多，充滿著波濤起伏。一波剛去一波又來。被追

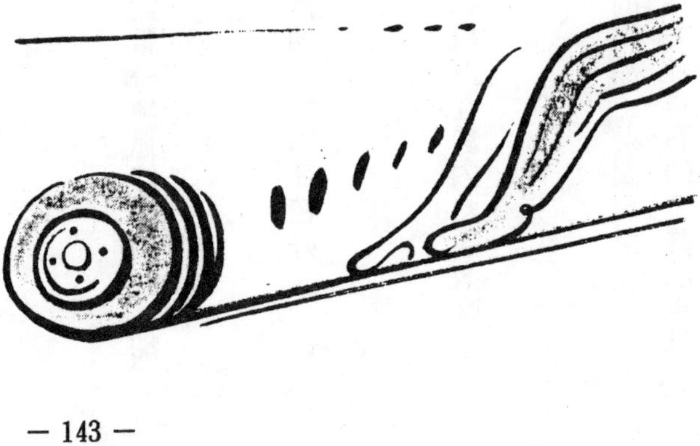

到窮途末路而無出口的狀態。

戀愛中的妳。

因男友的轉職或工作失敗可能造成離別。妳的魚雁往返可能暫時地抓住他的心，卻無法獲得好的結果。應該有斬斷情絲的勇氣。

單身的妳。

在感情方面稍嫌不足而無法發展爲戀情。似乎短時間內保持朋友的關係較好。

雖然鮮少有好日子，但星期六是較爲幸運的日子。

○紅

妳的感情浮動不安。莫名地對旁人牽怒或洩憤。但有時又獨自悶在房內熱淚盈眶——。

妳的內心充斥著煩躁與鬱悶而不知所以的狀態。

單身的妳，若要平穩浮躁的心而找到難得的機會，「紅色的物品」乃關鍵所在。

外出時手帕或皮帶、耳環若使用紅色的物品必會幸運。點綴著紅寶石的裝飾品更具效果。穿著紅色洋裝也能改變妳的運勢。

最近與情人之間相處的不太融洽的人，應反省自己的所作所爲。鬧彆扭的態度或言不由衷的話語，是否招來對方的誤解？星期二是重修舊好的幸運日。

P　白

表示純粹、驕傲、潔癖的形式

應該下決斷的時候。這時不要眷戀自己的自尊，只管撲向他的懷抱裡。

令妳躊躇不前的，是他的家世？財產？家人？

是否過於拘泥小事而忘了他的濃情蜜意呢？

以往的妳，也許是生長在富裕的環境且在長輩們的呵護下成長的千金小姐呢？

其實妳應慢慢地學會獨立，擁有個人的思考。也不要忘了把一切委任由他帶領的心情。

單身的妳，也許會感覺到有一雙熱切的眼神默默地注視著妳。星期三似乎是和這個人發展愛情的機會。

提高ESP能力的訓練

對你有益的訓練法

不利用機器或道具，憑自己的直覺揣測距離或重量可以訓練提高你的ESP能力。

以眼睛目測距離如房間內的月曆、電視間的距離，再確認其實際的位置。

一般人通常都有十公分以上的誤差。

也可以目測從窗口可見的電線桿或樹木的距離。請比較目測的結果和實際的距離。

ESP 小知識

同時，試著猜測物品的重量。

由於平常並不引以爲意，因而很難正確地猜中距離或重量。從鉛筆、原子筆的重量或書本重量、皮包等公斤單位的物品開始揣測，然後往公克單位的物品訓練自己的直覺力。

不停地訓練目測距離或揣測物品的重量，腦細胞對於距離或重量會發揮與感覺結合的迴路作用，而促成右腦的訓練。

當然，對象不僅是距離。時間也很重要。因此，不看錶能揣測時間。在內心裡數1、2、3……計算一分鐘的時間。然後從一分延長二分、三分。習慣之後可以揣測十分鐘的時間。訓練時不要用五分或十分等完整的時間，用七分、九分、十四分等難以測量的時間，以掌握更爲精細的時間概念，即能提高腦的精密度。

預知變化的「三脈之法」

ESP 小知識

在世界各地，自古以來即有在發生大爆炸或水災等嚴重天災時，動物會群起轉移陣地的傳說。換言之，動物的「靈感」比人類更爲敏銳。

人類即使腦中閃現某個靈感，通常會疏忽而無法對生活帶來幫助。但中國有一個自古相傳能夠瞭解靈感的方法。

這個方法稱爲「三脈之法」用右手指尖按住左手手腕，或用左手指尖按住右手手腕的脈搏。然後用另一隻手的拇指與食指按住喉嚨左右的脈搏。

如果手腕與兩顎下的三點脈搏一致，則一切正常，若不一致，則可判斷當事者的身體出現故障或將有危險。因爲，「氣」的紊亂乃是血行混亂的緣故。平時用這個方法測脈，一旦有所異常，即可掌握先機而避開危險。

Chapter — 4

利用幸運輪占卜預知未來

「幸運輪占卜」鐵口直斷你的明天

請看次頁的插圖。在這個「幸運輪」圓形的圖面上有各種的記號，這是利用圓形記號占卜運勢的「幸運輪占卜」。

這個占卜術起源於古埃及，當時是口誦咒文而預測未來。

在此所介紹的「幸運輪」中所並排的圖形，是使用雕刻在希臘神殿壁面上的神的記號。以下就用這個歷史悠久的占卜術揣測你的未來。

〈占卜方法〉

首先，請從以下七個項目中挑選妳所渴望知道的問題。

①妳今天的運勢如何？
②與男友的感情會有何發展？
③該送男友什麼禮物？

④約會場所應該選擇在什麼地方？
⑤穿著打扮的幸運重點是？
⑥該吃什麼料理？
⑦如何向他表自己的心意？

把如上所示的表放在桌上。閉上眼睛，在內心裡唸誦兩次妳所渴望知道的問題。

再伸直食指，按在這個圖表的上方。然後睜開眼睛，看看妳的指頭所指示的「圖形」。

這個圖形會告訴妳問題的答案。請找出與問題項目相當的答案。這個答案就是給妳的建議。

妳今天的運勢如何？

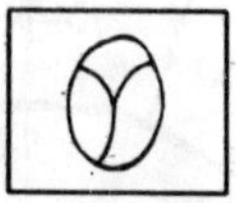

●緊要關頭有貴人相助的強運之日

出乎意外地有令妳欣喜的結果。妳的努力有相當的回饋。不要變更既有的企劃，應貫徹始終。

緊要關頭有貴人相助的強運之時。求學時代的同學或以前交往甚密的人，會成爲妳意想不到的協助者。

請注意上午的拜訪、電話、書信。其中也許隱藏著機會。

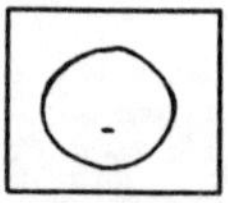

●與三天前類似的事件……

瞬息萬變的一天。眞正的心願尚未到達實現的時

間，但其他的事情可能會如願以償。可能會發生與三天前相當類似的事情。

姓名開頭是A或K的英文字母的異性，可能對妳表現好感，甚至向妳表白愛意，令妳驚訝不已。

碰到不快的事不要表現出來，請稍做忍耐。因爲，必會有好事出現。

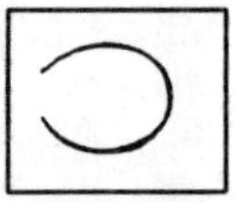

●注意兜風中的事故

心願陸續得償的徵兆，但因某個人物的出現可能受到阻礙。

這個人似乎對妳有特別的感情。如果心裡有數，最好以臣服的態度面臨，對日後較有幫助。

等候回音、等候結果，必須以輕鬆的心情等待。

而這天的兜風或旅行請務必小心。可能會發生意想不

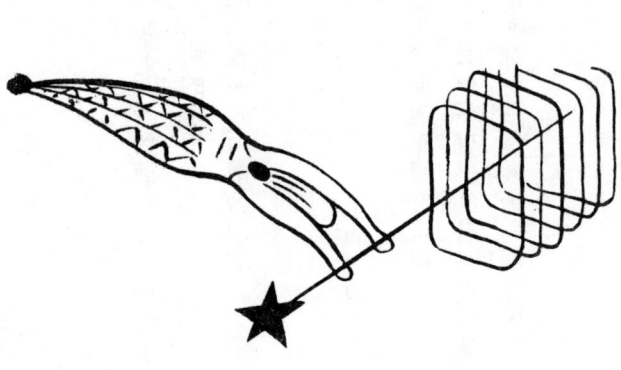

到的事故或受到傷害。

●結果必須等待一段時間……

妳的心願無法在這一天如願以償。似乎還要一段時間才能得到結果。如果渴望今天實現所有的一切，恐怕會發生糾紛或造成令人不快的事情。

在異性運方面，頗得年幼男性的人緣，也有掌握幸運的機會。妳所散發出的溫柔氣息似乎是令男人醉心的魅力。

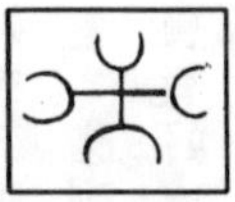

●絕對不要輕言放棄

碰到意想不到的障礙，絕不要輕言放棄。因一次的失敗而放棄實在可惜。雖然妳可能變得自暴自棄，但只要環顧周遭的一切，必會察覺仍然有站在妳這一邊的人。也不少人暗中對妳的性格、人品感到信賴並尊敬。妳應該積極地向朋友、知己尋求援助。

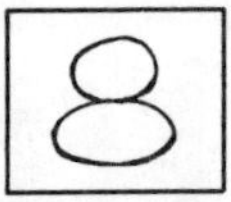

●再親密的人也要懂得保持分寸

出現糾紛或發生意想不到的事情，使妳的心願無法順利達成。也許以往對妳親切、協助的人可能會做出令妳感到不快或失望的事。因爲無聊小事常會破壞了難得建立起來的人際關係。請注意不要因爲是親密的人而失去分寸。

幸運時間是下午三點到五點之間。

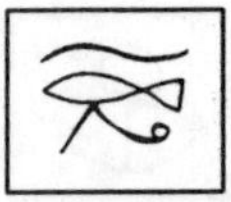

●不畏困難向前衝

妳的心願不久即可達成。而上午通常會有機會來臨。

但悶悶不樂而錯失良機時，則無法運用這個機會。必須抱有今天想到什麼立即付諸實行的觀念。先做之後再仔細地思考。

妳所需要的是，不畏艱難向前衝的勇氣。

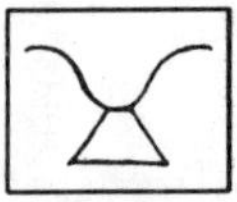

●不是快樂的一天

目前的妳也許有所牽掛、煩惱，但如果所有心思全在這一點上，恐怕會因而犯下重大過失。把不快的一切忘了吧。

今天一整天似乎無法變成妳所期待的快樂的一天。如果必須外出，最好在錢包裡放一個護符。身邊沒有護符的人，在外出的途中到寺廟參拜。心情必會平靜。

●自己做最後的決斷

出現好的協助者、理解者的徵兆，但卻無法獲得預期的結果。如果過於倚賴某人或掏心過度，事後必會後悔。

必須憑自己本身的能力解決問題、採取行動。即使找他人商量，最後的決定仍然在自己。

下午也許會有好消息。

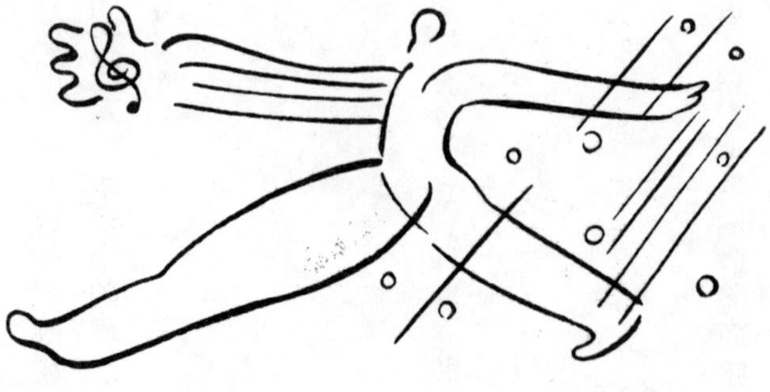

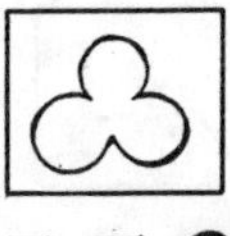

●無法向對方傳達眞心

可能被捲入糾紛中。不可貪得無厭或猜疑對方。因無聊小事遭受誤解或誤解對方。今天的誤解恐怕會損害友誼或愛情。必須具備不要造成糾紛的智慧。

總而言之，今天是妳無法將眞心傳達給對方的一天。應警惕自己用比平常更開朗的心情，慢慢地與對方交談或和顏悅色地做詳細地說明。妳的遣詞用句是重要的關鍵。

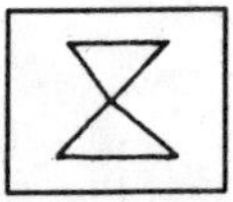

●一切朝好方向發展

若能稍做忍耐，必有好消息。表現過於積極反而造成負面影響。你會感到心願慢慢得償。有時在不知不覺中會幸運地朝好的方向發展。

無需焦慮，只管靜靜等候。

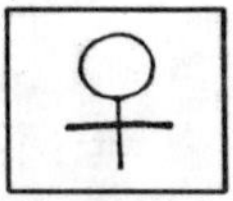

●暫停腳步做一個反省

現在正好是黃燈的訊號。決定方向後再採取行動。請試著再度確認妳的心願。今天最適合反省妳以往的生活。也許妳會從中發現一路跑上來卻疏忽掉的事情。妳所必要的是暫做逗留回顧以往。

這也是適合讀書的日子。不妨拿起以往毫無機會閱讀的書瀏覽一番。

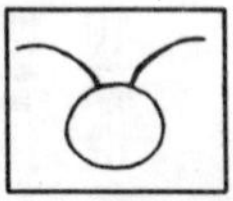

●幸運女神守護下的一天

幸運機會。對妳而言這將是令妳永遠難忘的最好的一天。幸運女神眷顧著妳這一天。

這樣的好日子如果無所事事實在太可惜了。整裝待發向以往已經放棄的事情挑戰看看。最重要的是付諸實行。妳將會發覺以往妳所未察覺的魅力與才能。

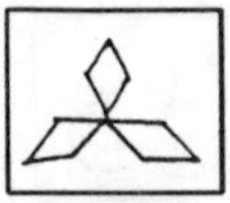

●不要貪得無厭

運勢慢慢下降的時候。妳可能會哀歎原本一切順利何以落得如此下場。妳應該帶著輕鬆、逍遙自在的心態，不要過於強求而聽天由命。

原本令妳高興或愉快的事情不久之後可能會使妳感到心酸。尤其是昨夜夢裡出現「老師」或「父母」時要特別注意。即使碰到好事也不要表現過度。

●與今天見面的人有緣

今天妳在馬路上如果看見汽車的車牌號碼是3或9，運勢將不好。今天無法比昨天更好。

如果看見車牌號碼最後是1或7的車子，雖然有不快的事也會有令人意外的幸運，換言之今天的運勢變化多端。

但今天所遇見的人和妳有緣。如果覺得對方相當優秀，請保持這段友誼。今天雖然平淡無奇，但一星期後有令妳喜悅的事。

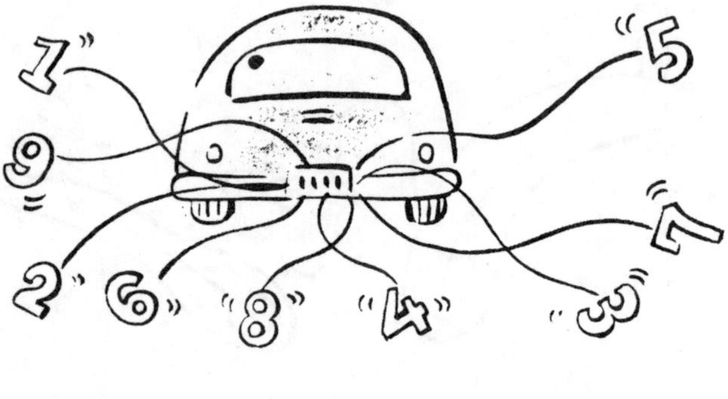

和男友的戀情發展如何？

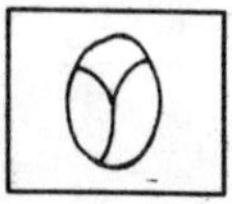

●切忌輕率的行動

不久二人的感情會出現幸運的機會。彼此情投意合，目前是最愉快的時候。務必永遠保持新鮮感。

但夜晚的約會恐怕會發展爲危險的情況。妳可能因他的言詞行動受到傷害而移情別戀。輕率地行動乃是禁忌。

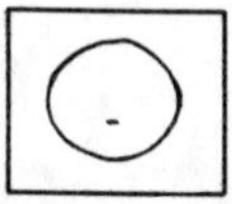

●避免過於冒險

今天如果不顧周遭者的反對，過於冒險會造成後悔。不可率性自爲，讓家人或朋友擔憂。

也許妳會察覺他令妳意外的一面而驚訝不已。你們的交往有許多障礙，但憑彼此的熱情與努力應可以衝破難關。爲

將來打算，不只沉溺於戀愛的陶醉中。坦然地接納旁人的意見。

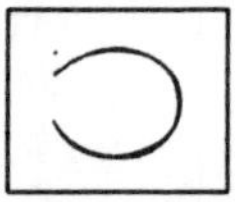

●由妳主動聯絡

妳應更積極地對他表示愛意。雖然妳可能因搞不清楚他的內心事而浮躁不安，但這是多餘的。他的心完全爲妳所佔據。羞靦的他需要妳的理解。

不妨由妳主動聯絡製造機會。如果連妳也變得消極，根本無法發展彼此的感情。妳坦率的愛情必定會令他感動不已。

●不要忘了對他的體貼

有時妳會被他以外的男性所吸引。雖然妳感到痛苦，但他也跟妳一樣地覺得迷惘、困擾。千萬不可自暴自棄，忘了對他的體貼。

只要冷靜地溝通，彼此必可瞭解對方。給雙方一點時間吧。如果妳願意接近他，這個愛情必有結果。

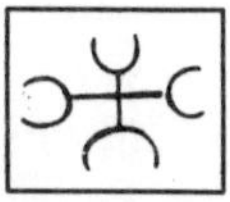

●重視目前的交際

旁人也許對你們有所微言，但不必放在心上。只要彼此信賴，負責地交往必可持續。只顧慮遙遠的未來或戀愛的結局，就不是戀愛。重視目前的交往。

二人獨處時覺得快活，但回家後卻感到寂寞或陷入沉思。妳應該振作並信任對方。

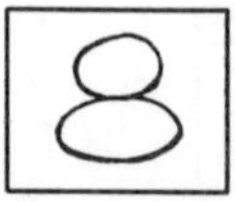

●積極地行動

戀愛的結局全掌握在妳的行動力。找到意中人務必主動進擊。抱著光是等候也一事無成的心態積極地展開熱烈的行動。

在他的面前千萬不要表現無所謂的態度。因爲，妳的知己或同事可能從中劫奪。暫且依妳的方式帶領他進入你們的感情世界。

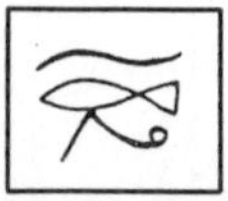

●也許今天是最後一天……

原本相愛的你們，可能會因未來意想不到的事情而分手。

妳今天的態度非常重要。如果妳所表現的是「討厭」的態度，也許今天是你們二人最後見面的一天。

細微瑣事會令他的愛情急速冷卻。妳的嫉妒或愛情的拉鋸戰若不適可而止，恐怕會變成無法挽回的後悔。

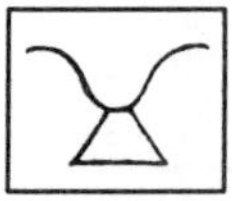

●不能發展為戀愛關係

他並不如妳所想像地愛妳。二人之間可能無法發展為愛情關係。彼此若以對方為戀愛對象，必會發覺其中若有所失、稍嫌不足。

但你們相當投緣。也許你們會變成超越男女之愛，成為推誠置腹的朋友。

●忘得一乾二淨

妳的單相思就要結束。盡情地哭吧！把一切忘得一乾二淨。男人並不只有他一個，不久將會有優秀的對象。改變妳的心態與外貌，重新整裝後再出發。

今天的他會令妳失望。但對妳而言會有正面影響。保持堅強、毅然的態度。

●抽身而退的覺悟……

妳是否對他曖昧不明的態度感到不安？這次約會後，兩個禮拜內若無連絡，最好放棄這段戀情。

拖拖拉拉的交往絕不會有好結果。趁傷口未深圖謀及早的振作。對方表現冷淡的態度時，最好抽身而退才是良策。

對妳而言，今天的約會具有重要的意義。

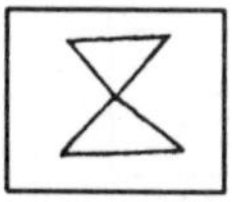

●走上紅毯的一端

愛情運最旺盛的時候。任何人都會爲妳們有情人終成眷屬表示祝福。務必掌握這個機會。

應注意不可採取輕率的舉動背叛週遭的人。不久妳將感謝神讓妳有緣與他認識。

有時不妨向他撒個嬌。

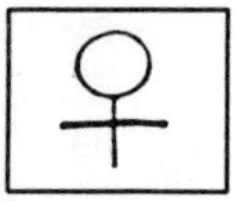

●今天的行動決定戀愛的走向

他的心情搖擺不定的時候。如果發現有好的徵兆，務必積極地主動接近。若錯失這個機會他將永遠離開妳。因時機掌握的恰當與否，決定喜劇或悲劇的收場。

如果今天發生糾紛，將失去重修舊好的機會。雖然妳也許認為這是彼此的冷卻期間，但他已決定分手了。

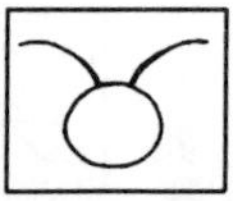

●忍耐些許的不滿

今天令人無形地感到沉重的氣氛。你們之間充滿著沉悶的氣氛。一點小事也可能動氣干戈。最好忍耐內心些許的不滿。

他在其他女性眼中深具魅力。一旦疏忽恐怕會被橫刀奪愛。這段時間妳如不刻意表現新鮮的戀愛模式，會斷絕

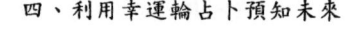

了未來的前途。二人的關係是否順利發展全憑妳的手腕。

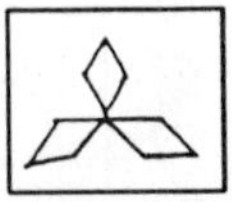

●坦然的交往

妳也許覺得孤獨的時候。而他一開始即認定妳是衆多女友之一。他可是相當老道的花花公子。

如果妳能坦率地交往倒無所謂，但若渴望有更深入的感情，最好儘早分手爲妙。如果不以他的方便爲優先，並無法持續這段感情。總而言之，妳會體驗浮躁不安的感覺。

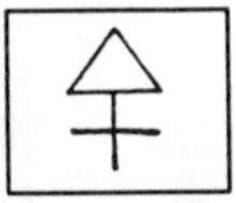

●不急躁的交往

目前尚不是考慮結婚的時期。再交往一段時間，充份地體驗戀愛期間的甘苦也非常重要。

如果彼此能理解對方的感受而到達難分難捨的境界，自然會走上紅毯的一端，這也是順理成章的趨勢。

把對方當成兄長的感情不知不覺中會發展爲愛情。

請儘量擁有較多二人共處的時間。

戀愛期間的各種經驗會使妳倍增魅力。

該送什麼禮物給男友?

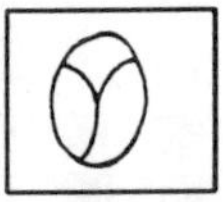

●時髦的錢包

如果身邊的他，走起路來隨時發出錢幣碰撞的聲音，不妨送他一個時髦的錢包。皮製、布製的錢包形形色色，但過於昂貴的物品反而會造成負面影響。請選擇與他的服裝打扮、氣質搭調的錢包。

如果他能隨身攜帶著這個錢包，必令妳歡心。在錢包裡放個護符也是好構想。

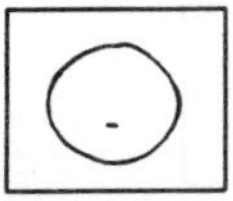

●可裝飾在他的房間的物品

請選擇模型古典車或玻璃裝飾品等能擺飾在他房間內的物品。最近市面上許多時髦的小玩意，從古董到時髦的物品林林總總。不妨和他一起選購。

裝飾在牆壁上的明星海報也能博得他的歡心。

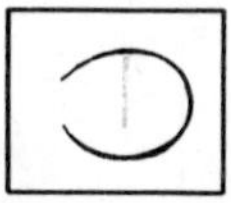

●以詩集傳情

送一本詩集傳達妳的情意。這本詩集會令對方感受妳無言的愛意。

也許他也渴望贈送這樣的禮物給妳。因爲他是相當純眞而浪漫的人。

插圖美麗的童畫也會博得他的歡心。但作者最好是國內作家而非外國人。

●成雙配對的情人打扮

最好選擇能成雙配對的打扮。從T襯衫到圓領衫、領巾、帽子、手環等裝飾品，能夠穿戴在身上的最好。

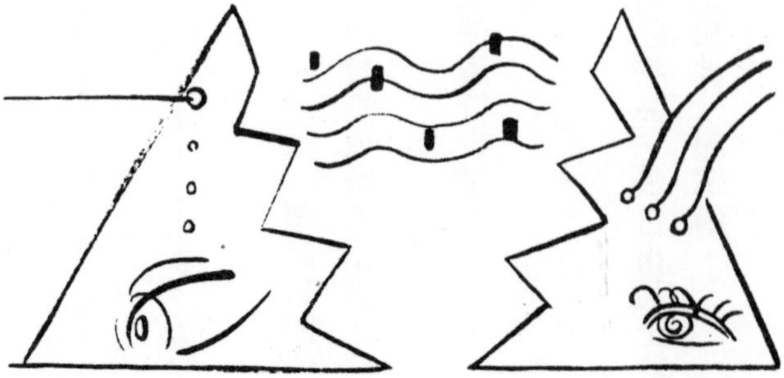

以情人裝的打扮令旁人側目也是樂趣無窮。或以特殊的顏色，或唯獨你們二人心有靈犀的款式也頗具新鮮感。

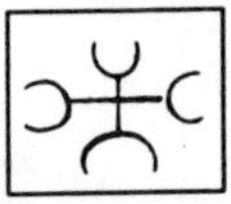

●交通安全的護符

喜愛車的他。不妨送祈求交通安全的護符。出外旅遊時從參拜的神社，求得他的出生年的護符爲禮相贈，必會使你們兩人的感情朝好的方向發展。

如果他討厭護符，則改用玩具類。如果有星星的裝飾也能當護符代用。

●附帶感言的CD

不妨送唱片或CD給喜愛音樂的他。不要忘了附帶「這個曲子我非常喜歡」之類的感言。也許它

將成爲你們二人懷念的曲子。

贈送唱片或CD時，以妳珍藏的物品爲禮，比新購更令其歡喜。

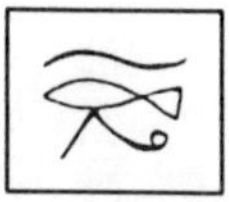

●可愛的禮物

不妨開點玩笑，送女孩子喜歡的夢幻禮物給對方？

有可愛圖案的牙刷組合，或糖果罐等令人賞心悅目的禮物。

如果男友蓄有長髮，則可半開玩笑地送他髮捲或色彩繽紛的髮夾。

故意用可愛的包裝紙或蝴蝶結裝飾，表現可愛的形象做爲贈禮。

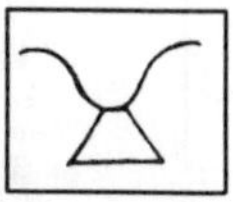

●帶有紅色的領帶

如果你的心情處於最興奮的狀態，不妨贈送對方領帶以暗示「如影隨行」。

但領帶並不好挑選。請依他所穿著的西裝來選購顏色。如果對方在下次的約會使用妳所贈送的領帶，你們的感情已達到最高的境界。領帶的顏色若有紅色最爲幸運。

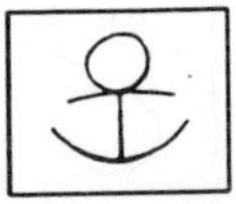

●帶有清爽芳香的禮物

目前市上有許多男性專用的古龍水或化妝品。妳可贈送散發清爽芳香的禮物。香味清淡的沐浴精或古龍水都適合當做贈禮。未曾自己購買的男友，也許會喜歡上這個香味。

香味具有使對方留下深刻印象的效果。放在枕頭邊或櫥櫃裡的室內香，也是極佳的贈禮。

●動物款式的戒指

二人戴著成對的戒指或穿著你們所熟識的衣物，會使彼此感到踏實。尤其是有動物款式的戒指，最值得做爲贈禮。這個禮物應可以抓住他的心。

刻上彼此英文代碼或星座符號的戒指會招來幸福。

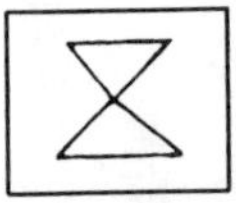

●贈送猜謎書籍、益智玩具

以運用腦力的猜謎書籍或遊戲、智慧玩具爲禮物。二人聚精會神共同作業，也許能找到答案。

最好在禮物上附上一句：「解開這個謎獻上一個吻」。他必會拼命地動腦筋尋求答案，使得遊戲陷入沸騰。

絕對不可選擇過於簡單的問題。

♀

●相框最佳

如果還不懂他的眞心送相框是最好的構想。

也許他看到禮物會想要妳的照片。相框裡裝飾你們二人的照片，也許會有下次的約會。妳和他並肩的照片最適合裝飾在相框內。這類想像並非夢想無法實現。

♉

●親手製作禮物

妳是否渴望親手做禮物送給對方？即使不擅長女紅或料理的妳，只要爲對方必會全力以赴……。

親手縫製的動物或布娃娃必可傳達妳的愛意。如果對方喜愛糕點餅乾，也可送他蛋糕。親手製作各種形狀的蛋糕。

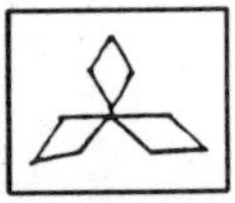

●憑靈感挑選禮物

購物途中突然發現與他最合適的物品時，立即購下做爲贈禮。除了禮物外，若有想要告訴他的事情，也可在卡片上寫下妳的感言寄給他。

從旅遊地贈送當地的名產並附帶一封信寫著：「希望你也也嘗嘗看。」運用妳的靈感讓對方大吃一驚。

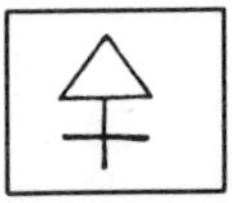

●花籃也不錯

到他的家裡拜訪時最好攜帶其家人也歡喜的禮物。花是相當得體的禮物。把妳和他所喜愛的花插

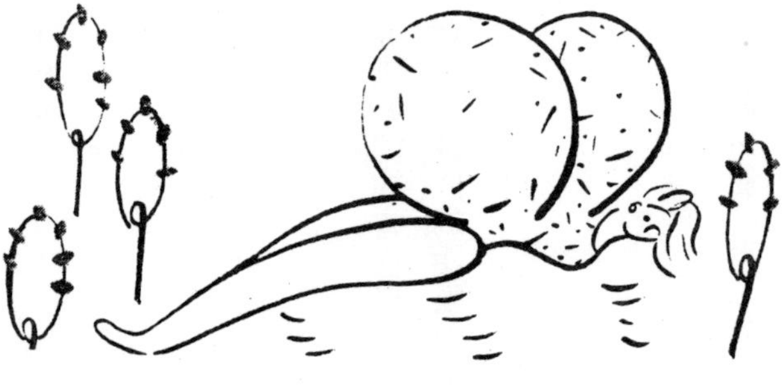

在小花籃內，顯得時髦又具雅趣。點綴家裡的氣氛而加強妳給人的印象。

贈送花時必須斟酌花所代表的意義。以避免意外的誤解。

該如何選擇約會場所？

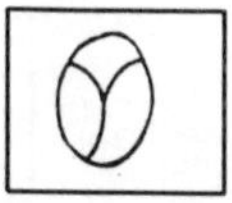

●動物園或水族館

有時讓時光倒退到孩提時到動物園或水族館走走，也是非常好的約會安排。

和男友一起看動物間的親子之情或注視水槽內的魚類，會拉近彼此的距離。談談以往遠足的回憶，也許能瞭解他小時候的情況。

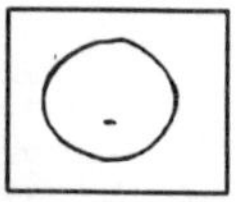

●情調浪漫的法國電影

二人不妨去看一場口碑佳的電影？

雖然動作片或喜劇片也不錯，但偶而觀看氣氛特別浪漫的法國電影，可享受羅曼蒂克的情調。到劇場看老片也挺時髦。

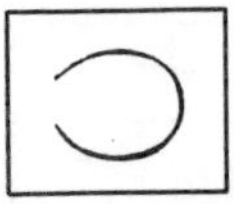

●寺廟或神社

探尋名寺古剎，來一趟徒步小旅行吧。在沉靜的街道散步的二人，無所不談也能製造出好氣氛。今天你應表現優雅的行止。到達寺廟或神社之前必須合掌膜拜。

●參加慶典活動

各地因時節轉移，慣例舉行的活動或慶典不妨連袂而行。吃吃棉花糖或逛逛夜市、散散步都樂趣無窮。如果碰到有舞蹈的慶典活動，不必腆靦，儘管二人一起參加。

到神社不要忘了丟銅板以「祈緣」並向神明膜拜。

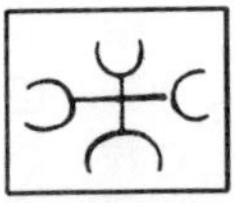

●觀看競技活動

陪喜愛運動的他一起觀看競技活動。棒球、足球等等請教他所喜愛的運動項目的規則，並加入為選手聲援的行列。

不知不覺中你們二人會全神貫注其中。夏天的夜晚到棒球場觀賽是最好的約會方式。

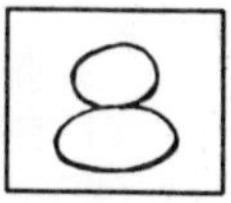

●一起購物

偶而邀他一起購物。請教他所喜愛的商店或讓他對妳的採購做點建議。藉此可以清楚他的嗜好。邊看櫥窗邊聊天也樂趣無窮。到口碑佳的商店或逛古董店能獲得新的情報。

累了就到氣派的咖啡店休息。你們的話題必相當投合。

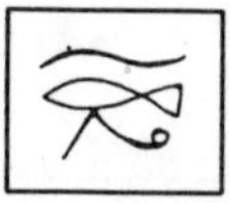

●遊樂中心

讓他帶妳到遊樂中心玩玩柏青哥吧。

據說，鋼珠台前的煙灰缸如果留有許多煙蒂，表

示這台機器的中獎率高，也許妳也能展現身手。

在遊樂中心時，建議妳全力以赴。不過避免逗留過久或玩得過度。

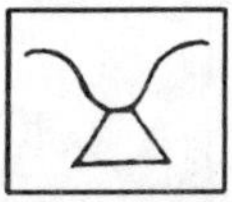

●在傍晚的海邊約會

傍晚的海邊充滿著浪漫的情調，這是吐露內心隱藏許久的感覺的機會。也許他也會明白地向妳示愛。不仿彼此談論未來的夢想。

但需趁天色未暗時回家。務必小心以免發生意外。

●美術館或畫廊

爲了培養對美的感覺，不妨走走美術館或畫廊。可以享受異於往常的氣氛。當然也能攤開妳所心愛的畫集一起鑑賞。

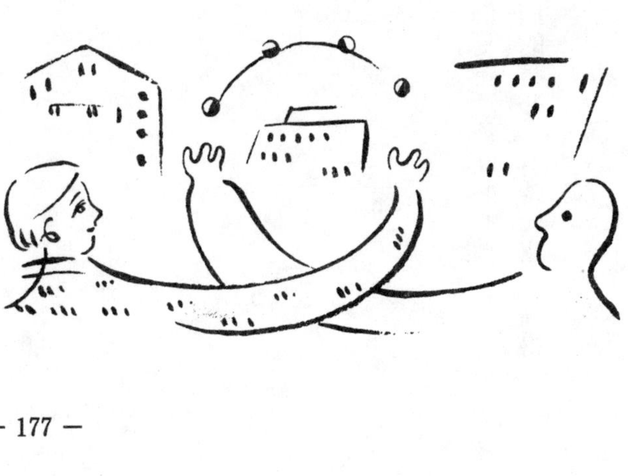

若有機會不妨帶著畫布到高原上寫生。

●一大早欣賞綠地

提早出門到翠綠遍佈的地方。

攜帶親手做的飯糰或三明治，在晴空萬里之下享受午餐。

兜風不必事先決定行程，不妨來一趟冒險旅行。

途中偶而也上駕駛台，令他對妳非凡的駕駛技術刮目相看。

也可參加團體露營或團體旅行。

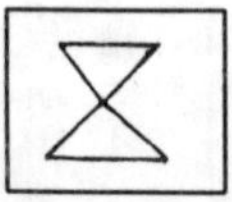

●二人欣賞音樂

參加音樂會或聽音樂。二人一起欣賞的音樂會使你們更接近彼此的心靈。

不論是新潮音樂或搖滾樂或古典音樂，都能陶冶你們的身心。有時妳事先購得入場券再招待對方。

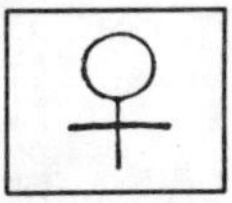

●重遊自己的街道

在自己熟悉的地緣閒逛一周。妳會發現往常所忽視而不知的街道。在城市內最好利用所謂的「文化公車」。若能途中下車，可在喜歡的場所悠哉地漫步。

繁忙的都市人已鮮少有機會悠閒地搭公車。和男友二人途中下車，享受有如小旅行的樂趣。

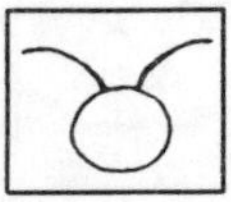

●名勝古蹟

不妨到歷史悠久的庭園逛逛。到各鄉鎮的名勝古蹟拜訪，可以使心情平靜。把落在腳邊外型姣好的落葉帶回家壓在書本當紀念。

在森林或樹林內散步或騎腳踏車，相當心曠神怡。也許可從中發現他令人欣賞的另一面。

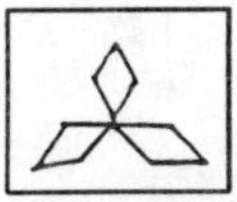

●帶著天真無邪的心暢遊遊園地

今天就和他二人一起到喜愛的遊園地玩吧。搭上雲霄飛車快活地尖叫，必讓他也感染上振奮的情緒而大吃一驚。二人有如小孩般地顯現快活必可拉近彼此的距離。

接著再坐徐緩繞轉的觀覽車互吐情衷。也可到鬼屋逛逛。和他在一起絕沒問題。

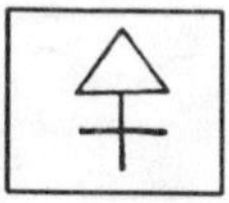

●到陌生的街道

偶而也走訪陌生的街道。樹木繁茂、花朵豔麗的人家、時髦的商店、小型公園、典雅的咖啡店……這些將成爲你們二人的共同回憶。

建議你們也到曾經想去的街道。如果到他的故鄉拜訪，一定會發現許多令妳感動的事。然後約定下次招待對方到妳幼時度過的故鄉。

服飾打扮的幸運點？

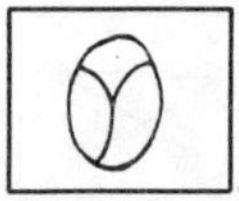

●以粉紅色系統一

不論洋裝或化妝都要強調女性的柔和感。以粉紅色系統一會散發窈窕淑女的魅力。建議妳穿著超薄棉織品爲領型的襯衫。

必須注意的是，妳的口臭。特別注意進食氣味較強的食物或身體狀況不佳的時候。這些基本禮儀也非常重要。

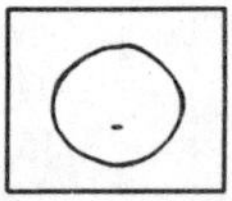

●以單調的服飾裝扮品味

打扮出典雅的品味。富有知性又散發都市時髦感的最具魅力。

化妝的重點在眼線上，儘量表現成年人的成熟感。憑

妳個人的品味故意穿著單調的服裝以展現魅力。若能讓他人的視線集中在胸部，將是最成功的打扮。

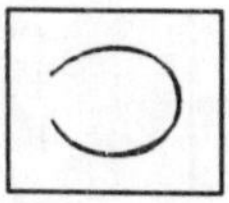

●標榜健康的印象

運動員的氣息會使整個心情顯得振奮。條紋襯衫加牛仔褲使妳變得神采奕奕。化妝的重點在嘴邊的潔淨明亮。重視健康的形象。裝飾品也選用銀製或白金製品。

●以裙子凸顯女人味

穿著帶有剛陽氣的白色套裝，從領襟隱約可見的襯衫或用領巾點綴女人味。這樣的裝扮必會吸引男人的注意。

蓄有長髮的人不妨梳個髮髻。戴一副較大的耳環使妳增添魅力。

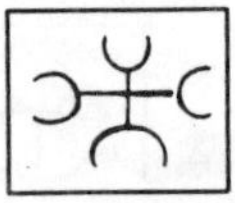

●異於平常的氣氛

毅然地改頭換面吧！化妝、服裝、髮型徹底地更改。異於往常的妳，會令旁人大吃一驚。而妳也可發現另一個自己。也許重新包裝後的妳，會有另人喜悅的事發生。

不願大膽嘗試的人，可以利用帽子改變形象。

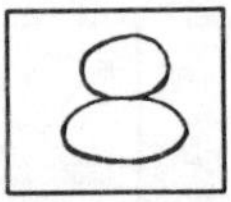

●自然美的化妝

白色的服裝會招來幸運。清新可人的印象博得人緣。

化妝也注重自然色彩。溫柔的眼角是魅力點。避免使用華麗的裝飾品，以刺繡的花重點式地凸顯魅力，較具效果。也不要忘了皮包、鞋子的顏色搭配。

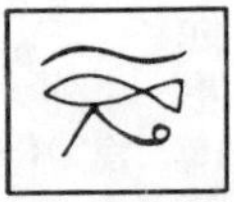

●表現原本的自己

不追求流行也不愛慕虛榮，只管以自己的嗜好做裝扮。

盡可能不化妝，僅強調素顏之美。

但不可怠慢平時身體的保養。

當然也要注重清潔，洗髮精或花露水的清爽芳香將使你更增魅力。

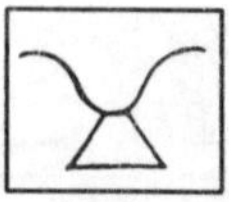

●以裝飾品凸顯魅力

顧慮整體均衡的時髦感。但一成不變的髮型不如給人親切感的感覺。

穿著質料好而簡單的衣服，用裝飾品或皮帶凸顯整體的裝扮。與妳極爲搭配的整體打扮相當新鮮。

●帥氣感

以便服的裝扮出現。製造帥氣的感覺，以增添妳新鮮的魅力。

帶一個妳喜愛的大皮包，腳踏一雙懶惰鞋，整個氣氛

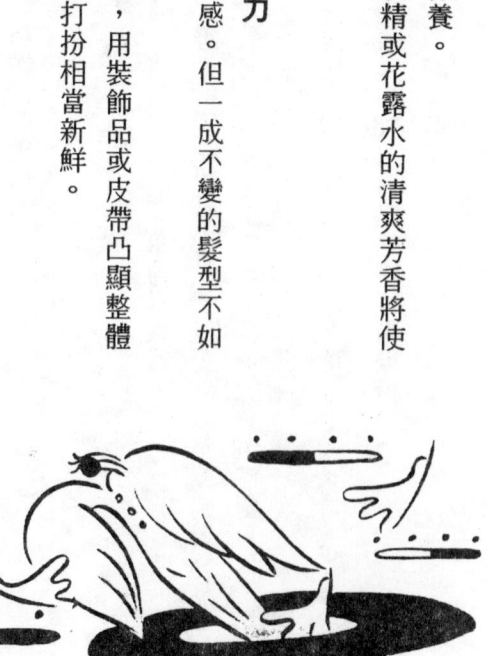

就出來了。如果髮型也能配合服裝，將能使心情一轉。剪成秀髮或用具有個性的髮飾來裝扮。

●具有個性的整體搭配

以現有的毛衣或裙子，運用嶄新的構想做魅力的搭配。也許會有出人意外的組合。妳的品味將令大家感到驚訝。

添加黃色或粉紅色，可讓一天的心情更爲開朗愉快。

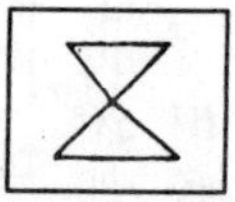

●洋裝的打扮

試著穿著典雅的洋裝。

穿著平常難得穿上的洋裝。手邊拿著古典的皮包或用珍珠項鍊等做裝飾，故意裝模作樣一番。

讓男友也配合穿著西裝，享受一下豪華的約會。

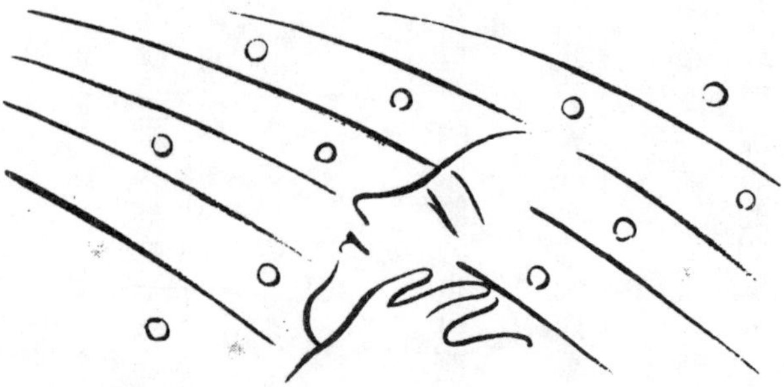

●清爽的裝扮

留意讓自己展現清爽的氣息，以博得衆人的好感。尤其穿著令長上產生好感的正統服飾會帶來幸運。以沉穩的藍或茶色系爲基調，再添加白色的效果，會提高妳的品味。讓妳的全身散發出清新的氣息。但必須充份注意領巾是否潔淨。

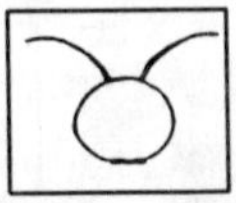

●享受流行

大膽地享受流行。研究流行服飾雜誌的廣告，尋找適合自己的服飾。也可直接找服飾店的人商量，或讓朋友陪同逛街。如果以手錶爲整體裝飾的重點，會閃耀妳的知性品味。這點執著會提昇妳的形象。

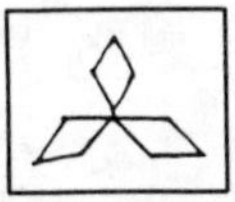

●重視遊戲的心

大膽的服飾能改變心情。試著穿著強調款式、顏色、花樣或性感的服裝。選擇具有獨特形狀的裝飾品，充份地享受遊戲其中的時髦感。

但避免過於刺眼的感覺，應穿出健康。

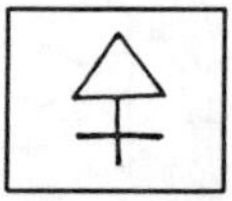

●**穿著絲質上衣顯見性感**

以華麗而性感的裝扮表現自己。

尤其是絲質的上衣會凸顯妳的魅力。為了強調曲線美也應留意內衣的搭配。

如果全身以同色系的服飾裝扮，會顯得穩重。

用餐如何安排？

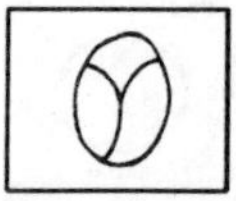

●**運用現有的食品**

節省開支，利用冰箱剩餘的食物做些家常菜吧。購物時選擇當天的特賣品或在百貨公司的物產展中找到廉價而可口的食品，就足以擔任未來的賢內助。

外食時儘量多吃青菜。

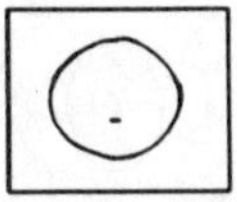

●在路邊攤盡情享受

路邊攤的小吃或燒烤店都值得光顧。和他在路邊攤的熱鬧氣氛中乾一杯別有一番樂趣。

或和人生經驗豐富的路邊攤老板談天、與鄰座者閒聊，都有助於人生的經驗。但必須留意不要趁興喝得太多。妳必會從中發現高級餐廳所缺乏的氣氛與美食。

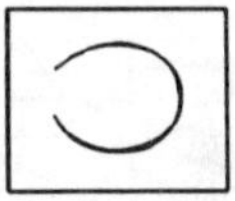

●吃簡便快餐而逛街

手上拿著熱狗或漢堡一邊吃一邊散步，也許是年輕人的專利吧。和男友一起邊吃邊逛再也不怕別人的恥笑。邊走邊吃會使食物立即消化而倍覺可口。

也可攜帶親手做的便當，或從超級市場購買現成品到公園裡飽餐一頓。

●充滿家庭的氣氛

若想要體驗家庭的氣氛不妨走一趟鍋烤店。二人一邊煮一邊吃，更增添談話的樂趣。

而帶有鄉村氣息的麵館或小吃店也是良好的去處。如果到港都則吃新鮮的魚。

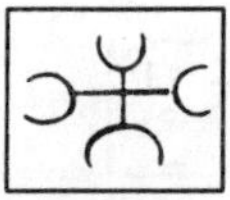

●享受熱鬧滾滾的「吃到飽」料理

略爲氣派的妳，不妨到無限量供應的「吃到飽」料理店大快朵頤。

暫時忘了減肥、瘦身的慾望，大吃大喝一番。這是不必矯柔做作而能暢快進食的最佳場所。

若要吃「吃到飽」料理最好呼朋喚友一道前往。享受熱鬧滾滾的一餐之後會顯現元氣。啤酒屋也是無拘無束地享受美食而元氣大增的地方。

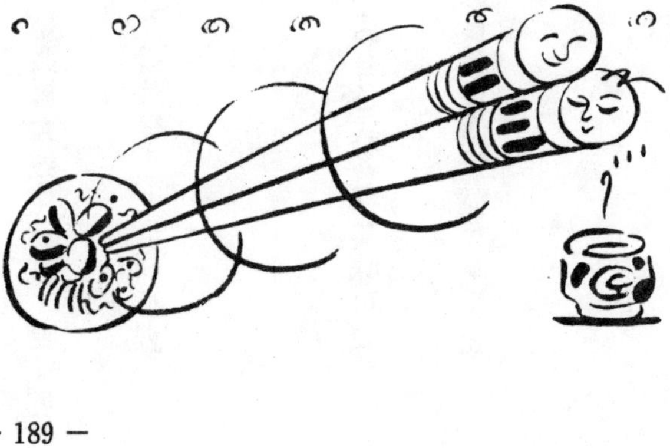

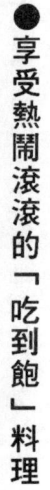

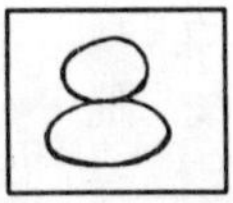

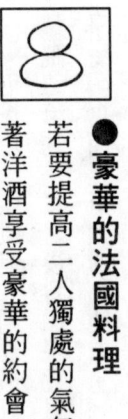

●豪華的法國料理

若要提高二人獨處的氣氛，以時髦的法國料理最適宜。稍微矯柔做作一番，喝著洋酒享受豪華的約會。

在沉靜的氣氛下交談，會使二人的距離更爲親密。今天請妳在言談舉止上也刻意表現優雅。

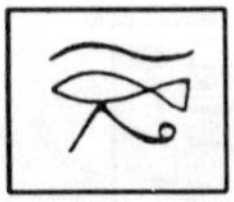

●沙拉美食店

在意體態的妳不妨邀他到沙拉美食店。若是沙拉的專門店有各式各樣美味可口的沙拉，定可令他感到滿足。

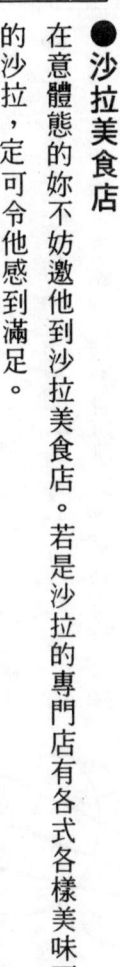

妳的減肥計劃不要因他的誘惑而挫敗應保持原則。必須減低食量或儘量避免吃喜愛的食物。

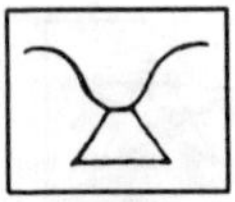

●鄉土料理店

吃一道到地鄉土料理吧。來一道家鄉菜吧。決定與對方結婚的妳，是學習男人們喜愛的「母親的味道」的機會。

請記住他所喜愛的料理，爾後慢慢研究。他必會對你料理的手藝大吃一驚。最好是到有家常菜或男友故鄉料理的商店光顧。

●日本料理

妳是否想吃口味清淡的料理呢？點叫店裡的招牌壽司一定會滿意。有時可能會超過妳的預算請務必注意。如果到首次光顧的日本料理店最好選擇餐桌的位置，不要在櫃台。

●正統的民族料理

偶而也吃一下各地的民族料理。有不少人對民族料理和強烈的調味料聯想一起於是敬而遠之，但一旦吃過的人絕對永遠無法忘懷。但必須找到正統的商店。帶著好奇心向從未吃過的食物挑戰。也可以補足體力。

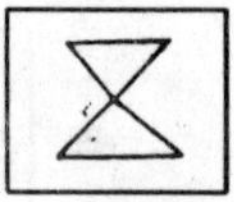

●晴空萬里下吃巴比Q

邊烤邊吃才是巴比Q最美味的地方。若在晴空之下更爲可口。請注意二人不要猛吃而動彈不得。不要忘了在用餐的過程中也享受美酒。

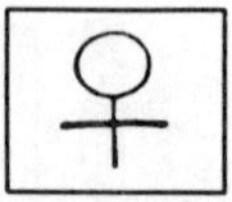

●大碗的俄羅斯料理

俄羅斯料理的種類非常豐富，不但量多且價格適當，最適合約會的用餐。對料理感興趣的人也可從中學習調味的秘訣。

如果找不到俄羅斯料理店，也可改用德國料理。這都是家庭可以製作的料理。用餐間傳來異國的民謠倍增旅行的氣氛。

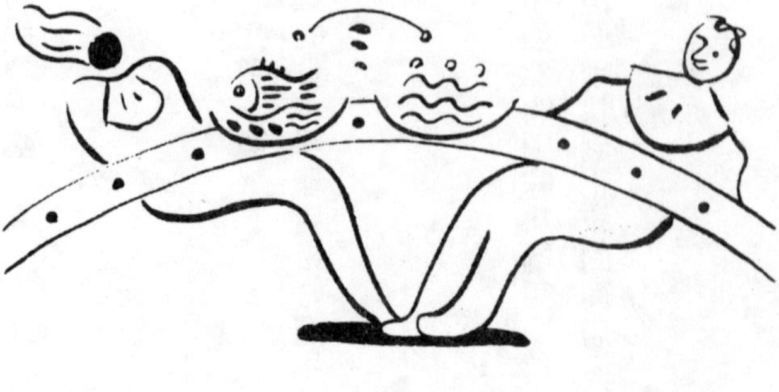

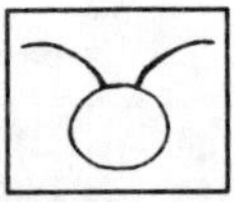

●小料理的店

精心製造的料理是小料理店的特殊風格。二人吃著帶有鄉土風味的魯味閒話家常，也別有一番情趣。

最好是到經常光顧而能喝上一杯的小料理店。

如果用餐的時間太晚了也可吃一道簡便的泡麵或泡茶飯。

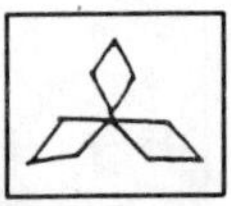

●口碑佳的餐館

前往刊載在雜誌上口碑極佳的餐館惠顧吧。但如不事先預約恐怕不能上門。

首先不妨吃店家所推薦的料理。不懂的儘管請教店裡的服務員。

也許你們二人滿意的商店又多了一家。

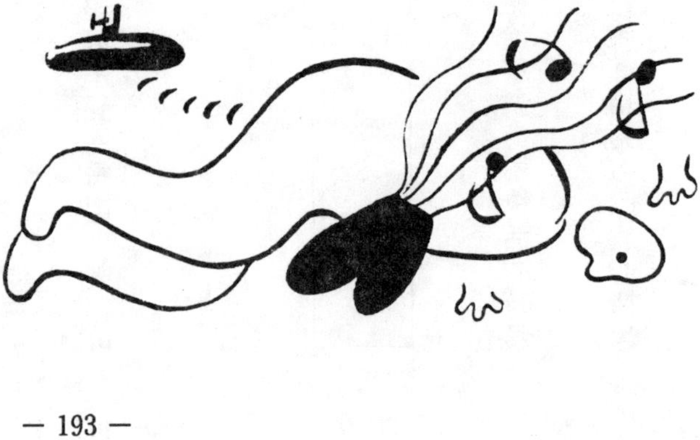

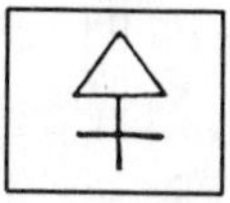

●經濟午餐

當他的錢包告急的時候爲了避免其負擔，不妨吃一頓經濟午餐。看起來美味可口而營養價值高的午餐，應可使二人都感到滿意。用餐後愉快地聊天。

有時也可招待男友茶點。

向他表達情意的方法？

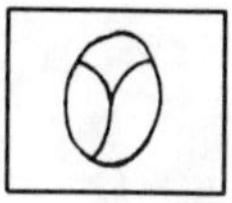

●發揮服務精神

男人的情緒也是起伏不定的。當二人之間氣氛顯得不融洽或對方不快活的時候妳，必須表現開朗的態度。

發揮服務精神故意調皮搗蛋。妳的詼諧會令他忍不住噗嗤一笑。爲對方改變心情也是愛情表現之一。

他必會發現妳的善體人意。儘可能招待他到家裡親手做些料理慰勞他。

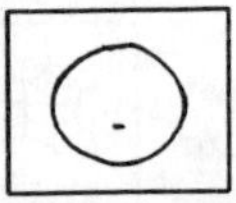

●充當他的忠實聽衆

保持緘默充當他的聽衆。他應該有許多煩惱，諸如工作或交際關係。平常鮮少開口的他，有時也想找人傾吐心聲。若能給予適切的建議更好。但首先應傾聽他的談話。

妳的成熟對今後你們之間的發展非常重要。他必會從中感到心靈的舒適。

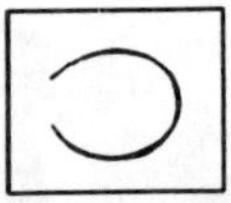

●增加共處的時間

重點是儘量和他一起工作、互相揣摩功課或增加一起共處的時間。也可看電視或聽音樂。如果他能自然地和妳共度時光，你們之間的感情應無問題。即使不必明言，妳也會體驗到他的濃情蜜意。

斷然地表現愛情非常重要。贈送最近妳閱讀後頗受感動的小說，也是拉近彼此距離的好方法。

●偶而寫寫書信

和他相隔兩地無法傳達妳的心意時，除了打電話之外偶而也寫寫書信。

縱然是簡短的幾句話，也應坦率地寫下妳心裡的感覺。不必誇大其詞，傳遞筆記方式寫下的紙條也能令其感動。把今天所發生的事附帶可愛的插畫必會令他感同身受。

從旅遊地寄一封深情款款的書信，也帶有羅曼蒂克的情調。

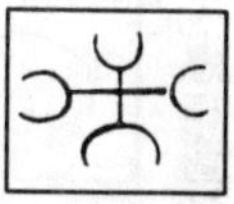

●唯獨二人知曉的秘密話

渴望強烈地感受你們二人之間感情的妳。

妳不妨創作些你們二人私有的秘密暗號或動作。

在意想不到的瞬間即可以表現「愛你」的心情。

在衆人聚集處，唯獨你們二人交換秘密的話語，其中

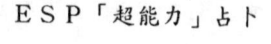

的刺激感無以言喻。你們雙方必會感到彼此的濃情蜜意。

和他並肩而行時儘可能倚偎在他的身旁。

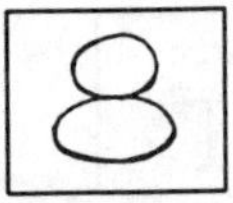

●妳主動表示魅態

毅然決然地摟住他的手臂。其實他也正暗自等待妳所表現的好感。

只要妳表示魅態，他必有自信帶頭引導。爲了使目前的關係往前邁一步，必須有一點勇氣。機會並不是隨時在妳的身邊。妳不妨主動輕吻對方……。

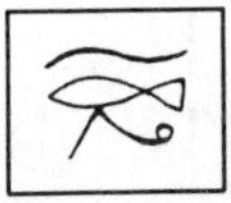

●讓他吃點飛醋

如果妳不知道他對妳的感覺如何，不妨改變一下裝扮。如果他對妳異於往常的化妝皺起眉頭，是表示他把妳當做情人看待。因爲，他驚訝妳外型的改變，

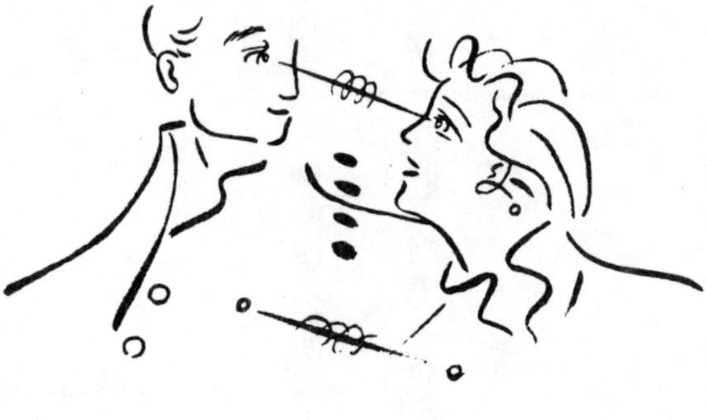

擔心是否發生了什麼事。

接下來要回復妳原來的面貌令他感到放心。讓他吃飛醋只要點到爲止。

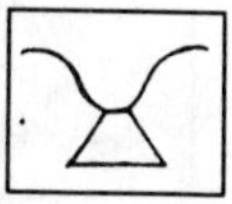

●鬧彆扭使其困擾

故意鬧彆扭也是愛情表現法之一。不妨故意吃醋讓他傷腦筋。對男人而言能夠使女孩鬧彆扭是令人欣喜的事。雖然他表示一臉的困惑卻會暴露平常鮮見的愛情。

但千萬注意不要行之過度。如果過份束縛對方，只會讓他渴望從妳的手腕中脫逃。

●凝視對方

二人交談時請凝視著他的瞳孔。如果他的臉上表現狐疑的神色，是擔心妳到底在想什麼。如果他不引以爲意且滔滔不絕地訴說，則要考慮了。

凝視他的眼睛並表現悲傷的神色，可以從中瞭解對方的心情。但不要只一味地試驗他。請帶著誠心凝視他。

●悄悄地倚偎在身旁

坐在公園的椅凳或室內的長沙發時，試著改變翹腳的方式。故意把腳擺向他那一邊。

如果他也將腳擺向妳這一邊，是表示你們之間的關係非常親密。

因爲，他也渴望儘量地接近你。

二人的膝蓋或雙手輕輕互碰，也是一種肌膚之親。妳不妨主動地倚偎在他的身邊。

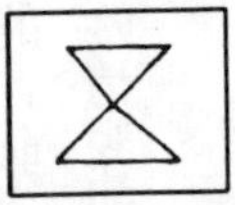

●並肩而坐

二人一起共餐，點叫不同的食品時，不妨讓他嘗嘗妳所點叫的東西。

如果他毫不猶豫地拿起妳盤上的食物，即表示你們是以心相許的情侶。二人共同分享一份料理倍覺可口。

坐在位置上時最好並肩而坐，不要對坐。

因爲，這個方式可彼此碰觸，且能在耳邊輕聲細語。

●積極地表達心意

刻意的演出才能加深妳給他的印象。有時表現積極的態度，率直地傳達妳的心意。

得知妳的感受後，他必會認真地思考。最好是以坦率的言詞來表達。灑點鮮花系的香水，可以在分手之際留下妳清爽的芳香而增強印象。

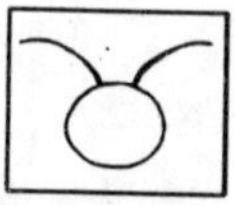

●注意手的動作

優雅的肢體語言可以表現妳的魅力。尤其是手的動作具有神奇的作用。請將全副精神集中在手指的動作上。要領是比平常略爲緩慢地擺動指頭。優雅的妳必會受到任何人的矚目。而他也會在朋友之間以妳爲傲。

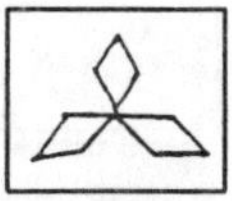

●無所不談

主動地告訴對方：「今天讓我請客。」也許他會回答：「不必介意。」亦或欣然地接受。

總而言之，希望雙方的關係能發展爲能夠坦率直言的往來。儘量製造彼此變成無所不談的關係。

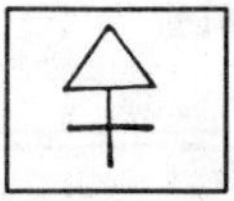

●每天碰面

任何人對意中人所談的話必全神貫注。他若對妳的談話專注地傾聽則萬事ＯＫ。請注意隨時保持愉快的談話。同時要注意當對方談話時也不停地給予附和。

縱然是短暫的時間也儘量每天碰面或打電話，努力必可期待這段感情的結果。總而言之，要讓對方無法忘記妳的存在。

・法律專欄連載・電腦編號 58

台大法學院　法律學系／策劃　法律服務社／編著

①別讓您的權利睡著了[1]	200元
②別讓您的權利睡著了[2]	200元

・秘傳占卜系列・電腦編號 14

①手相術	淺野八郎著	150元
②人相術	淺野八郎著	150元
③西洋占星術	淺野八郎著	150元
④中國神奇占卜	淺野八郎著	150元
⑤夢判斷	淺野八郎著	150元
⑥前世、來世占卜	淺野八郎著	150元
⑦法國式血型學	淺野八郎著	150元
⑧靈感、符咒學	淺野八郎著	150元
⑨紙牌占卜學	淺野八郎著	150元
⑩ＥＳＰ超能力占卜	淺野八郎著	150元
⑪猶太數的秘術	淺野八郎著	150元
⑫新心理測驗	淺野八郎著	150元

・趣味心理講座・電腦編號 15

①性格測驗１	探索男與女	淺野八郎著	140元
②性格測驗２	透視人心奧秘	淺野八郎著	140元
③性格測驗３	發現陌生的自己	淺野八郎著	140元
④性格測驗４	發現你的真面目	淺野八郎著	140元
⑤性格測驗５	讓你們吃驚	淺野八郎著	140元
⑥性格測驗６	洞穿心理盲點	淺野八郎著	140元
⑦性格測驗７	探索對方心理	淺野八郎著	140元
⑧性格測驗８	由吃認識自己	淺野八郎著	140元
⑨性格測驗９	戀愛知多少	淺野八郎著	140元

⑩性格測驗10　由裝扮瞭解人心	淺野八郎著	140元
⑪性格測驗11　敲開內心玄機	淺野八郎著	140元
⑫性格測驗12　透視你的未來	淺野八郎著	140元
⑬血型與你的一生	淺野八郎著	140元
⑭趣味推理遊戲	淺野八郎著	140元

・婦幼天地・電腦編號 16

①八萬人減肥成果	黃靜香譯	150元
②三分鐘減肥體操	楊鴻儒譯	150元
③窈窕淑女美髮秘訣	柯素娥譯	130元
④使妳更迷人	成　玉譯	130元
⑤女性的更年期	官舒妍編譯	130元
⑥胎內育兒法	李玉瓊編譯	120元
⑦早產兒袋鼠式護理	唐岱蘭譯	200元
⑧初次懷孕與生產	婦幼天地編譯組	180元
⑨初次育兒12個月	婦幼天地編譯組	180元
⑩斷乳食與幼兒食	婦幼天地編譯組	180元
⑪培養幼兒能力與性向	婦幼天地編譯組	180元
⑫培養幼兒創造力的玩具與遊戲	婦幼天地編譯組	180元
⑬幼兒的症狀與疾病	婦幼天地編譯組	180元
⑭腿部苗條健美法	婦幼天地編譯組	150元
⑮女性腰痛別忽視	婦幼天地編譯組	150元
⑯舒展身心體操術	李玉瓊編譯	130元
⑰三分鐘臉部體操	趙薇妮著	120元
⑱生動的笑容表情術	趙薇妮著	120元
⑲心曠神怡減肥法	川津祐介著	130元
⑳內衣使妳更美麗	陳玄茹譯	130元
㉑瑜伽美姿美容	黃靜香編著	150元
㉒高雅女性裝扮學	陳珮玲譯	180元
㉓蠶糞肌膚美顏法	坂梨秀子著	160元
㉔認識妳的身體	李玉瓊譯	160元
㉕產後恢復苗條體態	居理安・芙萊喬著	200元
㉖正確護髮美容法	山崎伊久江著	180元

・青春天地・電腦編號 17

①A血型與星座	柯素娥編譯	120元
②B血型與星座	柯素娥編譯	120元
③O血型與星座	柯素娥編譯	120元
④AB血型與星座	柯素娥編譯	120元

⑨責罵部屬的藝術	多湖輝著	150元
⑩精神力	多湖輝著	150元
⑪厚黑說服術	多湖輝著	150元
⑫集中力	多湖輝著	150元
⑬構想力	多湖輝著	150元
⑭深層心理術	多湖輝著	160元
⑮深層語言術	多湖輝著	160元
⑯深層說服術	多湖輝著	180元

・超現實心理講座・電腦編號 22

①超意識覺醒法	詹蔚芬編譯	130元
②護摩秘法與人生	劉名揚編譯	130元
③秘法！超級仙術入門	陸　明譯	150元
④給地球人的訊息	柯素娥編著	150元
⑤密教的神通力	劉名揚編著	130元
⑥神秘奇妙的世界	平川陽一著	180元

・養 生 保 健・電腦編號 23

①醫療養生氣功	黃孝寬著	250元
②中國氣功圖譜	余功保著	230元
③少林醫療氣功精粹	井玉蘭著	250元
④龍形實用氣功	吳大才等著	220元
⑤魚戲增視強身氣功	宮　嬰著	220元
⑥嚴新氣功	前新培金著	250元
⑦道家玄牝氣功	張　章著	180元
⑧仙家秘傳袪病功	李遠國著	160元
⑨少林十大健身功	秦慶豐著	180元
⑩中國自控氣功	張明武著	220元

・社會人智囊・電腦編號 24

①糾紛談判術	清水增三著	160元
②創造關鍵術	淺野八郎	150元
③觀人術	淺野八郎	180元

・精 選 系 列・電腦編號 25

①毛澤東與鄧小平	渡邊利夫等著	280元

・心 靈 雅 集・電腦編號00

①禪言佛語看人生	松濤弘道著	180元
②禪密教的奧秘	葉逯謙譯	120元
③觀音大法力	田口日勝著	120元
④觀音法力的大功德	田口日勝著	120元
⑤達摩禪106智慧	劉華亭編譯	150元
⑥有趣的佛教研究	葉逯謙編譯	120元
⑦夢的開運法	蕭京凌譯	130元
⑧禪學智慧	柯素娥編譯	130元
⑨女性佛教入門	許俐萍譯	110元
⑩佛像小百科	心靈雅集編譯組	130元
⑪佛教小百科趣談	心靈雅集編譯組	120元
⑫佛教小百科漫談	心靈雅集編譯組	150元
⑬佛教知識小百科	心靈雅集編譯組	150元
⑭佛學名言智慧	松濤弘道著	180元
⑮釋迦名言智慧	松濤弘道著	180元
⑯活人禪	平田精耕著	120元
⑰坐禪入門	柯素娥編譯	120元
⑱現代禪悟	柯素娥編譯	130元
⑲道元禪師語錄	心靈雅集編譯組	130元
⑳佛學經典指南	心靈雅集編譯組	130元
㉑何謂「生」　阿含經	心靈雅集編譯組	150元
㉒一切皆空　般若心經	心靈雅集編譯組	150元
㉓超越迷惘　法句經	心靈雅集編譯組	130元
㉔開拓宇宙觀　華嚴經	心靈雅集編譯組	130元
㉕真實之道　法華經	心靈雅集編譯組	130元
㉖自由自在　涅槃經	心靈雅集編譯組	130元
㉗沈默的教示　維摩經	心靈雅集編譯組	150元
㉘開通心眼　佛語佛戒	心靈雅集編譯組	130元
㉙揭秘寶庫　密教經典	心靈雅集編譯組	130元
㉚坐禪與養生	廖松濤譯	110元
㉛釋尊十戒	柯素娥編譯	120元
㉜佛法與神通	劉欣如編著	120元
㉝悟（正法眼藏的世界）	柯素娥編譯	120元
㉞只管打坐	劉欣如編譯	120元
㉟喬答摩・佛陀傳	劉欣如編著	120元
㊱唐玄奘留學記	劉欣如編譯	120元
㊲佛教的人生觀	劉欣如編譯	110元
㊳無門關（上卷）	心靈雅集編譯組	150元

國立中央圖書館出版品預行編目資料

ＥＳＰ「超能力」占卜／淺野八郎著；李玉瓊譯
－－初版－－臺北市；大展．民84
面；　公分，－（秘傳占卜系列；10）
譯自：ＥＳＰ「超能力」占い
ISBN　957-557-511-3（平裝）

1. 占卜

292　84002661

本書原名：＜秘傳＞占い全書⑩ＥＳＰ「超能力」占い
著　者：淺野八郎

原發行所：ワニ文庫
仲介代理：京王文化事業有限公司

ESP超能力占卜

ISBN 957-557-511-3

原 著 者／淺野八郎
編 譯 者／李玉瓊
發 行 人／蔡森明
出 版 者／大展出版社有限公司
社　　址／台北市北投區（石牌）致遠一路2段12巷1號
電　　話／（02）8236031・8236033
傳　　真／（02）8272069
郵政劃撥／0166955-1
登 記 證／局版臺業字第2171號

法律顧問／劉鈞男律師
承 印 者／國順圖書印刷公司
裝　　訂／嶸興裝訂有限公司
排 版 者／宏益電腦排版有限公司
電　　話／（02）5611592
初　　版／1995年（民84年）4月
定　　價／150元

大展好書 好書大展